地方政府数据开放研究

毛子骏 著

Research on Data Opening of Local Government

WUHAN UNIVERSITY PRESS
武汉大学出版社

图书在版编目(CIP)数据

地方政府数据开放研究/毛子骏著.—武汉：武汉大学出版社,2019.7
ISBN 978-7-307-20944-2

Ⅰ.地…　Ⅱ.毛…　Ⅲ.地方政府—信息管理—研究—中国
Ⅳ.D625

中国版本图书馆 CIP 数据核字(2019)第 099982 号

责任编辑:程牧原　　责任校对:李孟潇　　整体设计:马　佳

出版发行：**武汉大学出版社**　(430072　武昌　珞珈山)
(电子邮箱：cbs22@ whu.edu.cn　网址：www.wdp. com.cn)
印刷:武汉市宏达盛印务有限公司
开本:720×1000　1/16　印张:12.25　字数:251 千字　插页:1
版次:2019 年 7 月第 1 版　2019 年 7 月第 1 次印刷
ISBN 978-7-307-20944-2　定价:39.00 元

前　言

随着信息化时代的到来，物联网、移动互联网等前沿信息技术的使用使得社会中数据信息的总量不断扩大。政府作为规模最大的数据收集者和拥有者，要想将数据本身转化为现实生产力，则必须要走数据开放的道路。自美国2009年提出“开放政府计划”后，世界各国政府陆续进行了类似的尝试。我国的数据开放事业迄今已近十年。

十年间，我国各级地方政府出台了数百份政府数据开放政策文件，政府数据开放平台如雨后春笋一般不断涌现。这些举措既为数据经济的蓬勃发展奠定了重要的基础，又提高了公民对数据开放的认识，保障了公民对与自身密切相关的公共事务的监督权。但同时，我国各地数据开放事业的进展参差不齐，在政策目标、数据标准、安全防范等方面存在一定问题。这些问题关系到我国能否在大数据时代占领技术和资源高地，实现中华民族长期以来的强国梦想。

本书在充分掌握与研究政策文本和数据平台资料的基础上，对目前我国地方政府的数据开放事业做了较为客观的评估，并有针对性地提出了进一步的发展策略，希望能够给我国接下来的数据开放事业提供参考。全书共分为八章，每章的内容如下：

第一章，地方政府数据开放概论。详细介绍了数据、开放数据、政府数据等贯穿全文的基本概念和包含国际潮流、中央政府政策、地方政府实践在内的政府数据开放趋势。同时，阐述了政府数据开放的政治、经济、社会、科技意义，总结了目前已有的地方政府数据开放评价方法。

第二章，地方政府数据开放研究设计。详细介绍本书的整体框架和研究方法。从地方政府出台的数据开放相关政策和已建成的政府数据开放平台两方面着手，通过资料搜集、文献整合、平台数据抓取等方式，对我国地方政府数据开放政策和实践情况进行分析和研判；设计地方政府数据开放政策发展和平台实践的评价指标体系，并针对我国地方政府数据开放的发展状况展开全面系统评价；总结我国地方政府数据开放未来面临的发展机遇和障碍，提出相关对策建议。

第三章和第四章，地方政府数据开放政策。主要描述和分析我国地方政府数据开放政策的现状。以省级行政区、副省级及以下城市为研究对象，通过政府门户网站等网络平台，搜集并整理与数据开放相关的政策文件和部门规章等，围绕政策发布时间、政策发布机构、政策发布内容三个维度展开政策文本的统计分析，阐述我国地方政府数据开放顶层设计的现状及问题。

第五章和第六章，地方政府数据开放平台。通过搜集包含省级、副省级及以下行政区域地方政府数据开放平台的公开数据，从数据资源、数据组织、数据服务等多个维度分析现有数据开放平台的成效与不足。

第七章，地方政府数据开放评价。针对我国地方政府数据开放政策和实践情况展开系统分析和综合评价。以地方政府数据开放政策和数据开放平台现状为研究对象，基于省市级数据开放政策、数据开放平台的现状进行分析，从政策完备性、政策强度、政策协同性、平台数据质量、平台功能和平台协同性六大指标要素对我国地方政府数据开放现状进行综合评价。

第八章，地方政府数据开放展望。重点阐述我国地方政府数据开放未来面临的发展机遇和主要障碍，并为推动我国地方政府数据开放发展进程提出合理建议。

本书的相关研究得到了华中科技大学徐晓林教授等多位专家学者的支持指导，在此向诸位表示衷心的感谢！博士研究生黄膺旭、肖一鸣，硕士研究生梅宏、刘姣姣、朱钰谦在本书的数据搜集、书稿完善和校对过程中做了大量的工作，对他们的辛勤工作表示诚挚的谢意。感谢武汉大学出版社在本书出版过程中的辛勤付出。此外，限于本书作者水平，书中尚有许多不足之处，欢迎各位专家学者予以批评指正，我们会在后期工作中不断完善。

目　录

第一章　地方政府数据开放概论

第一节　概念解释

随着现代信息技术的发展和普及，数据呈现出容量巨大、种类丰富、价值极高的特征，在提升政府服务水平、推动相关产业发展、加强社会治理等方面的作用日益凸显。数据资源的效用最大化需要整合来自政府、企业、个人等多方来源的数据,① 形成全社会范围内的数据开放和共享。为充分挖掘数据的潜在价值，推动经济社会纵深发展，开放数据、政府开放数据等概念被提出，其相关运动和研究也正在兴起。

一、数据

对事件或现象进行记录的物理符号被称为数据，数据可以通过某种手段被识别和阐释，它是客观事物的性质、状态以及相互关系等特征的组合。数据可以是数字，也可以是能够被人类理解的诸如文字、字母、图像、音频等表达。②

数据是客观事实的归纳，它未被加工，本身也不带有任何价值判断。而信息则来源于数据，是人类对数据进行进一步理解和加工而产生的，往往带有主观色彩。不同的数据汇聚在一起，可以被处理成对人类生产生活起总结和指导作用的各类信息。③

随着信息化时代的到来，大数据、云计算、物联网等最前沿的信息技术使得数据总量不断扩大。这些数据来源于社会中的每个个体，在被前沿技术整合和处理后，也将服务于每个个体。因此，数据不仅是社会生产生活中的副产品，也是一种重要的战略资源。④

---

① 王法硕，王翔. 我国政府数据开放利用的影响因素与实现路径——一项基于扎根理论的质性研究[J]. 情报杂志，2016(07)：151-157.

② 王珊，萨师煊. 数据库系统概率(第5版)[M]. 高等教育出版社，2014：4.

③ 岳岩明. 数据和信息的区别[J]. 财会通讯，1984(S2)：25.

④ 杜振华，茶洪旺. 政府数据开放问题探析[J]. 首都师范大学学报(社会科学版)，2016(05)：74-80.

从数据内涵来看，当前社会生产生活中的数据大致可分为经济、教育、交通、工业、环境等几大类，这些数据有可能来源于政府、企业或个人，也有可能被不同的个体所拥有，但毫无疑问，只有将不断产生的数据持续、无障碍地分发给最需要它的个体，才能真正发挥它的巨大价值。

二、开放数据

数据需求的持续增长使得公众强烈呼吁数据拥有者对某些数据进行无条件开放，因而逐渐在世界范围内掀起了开放数据运动。开放数据不仅是一种理念，同时也是一种方兴未艾的实践活动。①

在实践过程中，开放数据的定义逐渐被明确下来。它是指某些数据应当被公众自由获取、利用及重新出版，且在此过程中，不应当被第三方设置任何专利、版权及其他障碍。② 开放知识国际组织通过“开放定义”(Open Definition)对开放数据做出了进一步阐释：开放知识本身应当保持完整且免费下载的状态，在开放的授权条款下提供，且其格式必须可被修改及处理。开放数据的相关条款也应当对公众在所有领域自由使用、传播和修改等行为进行无条件授权。③ 杨孟辉将其总结为三个关键点：可获取性和可访问性、再利用和再发布性、普遍参与性。④

开放数据与传统的信息公开存在显著不同。信息公开是公共机构单方面向公众公开相关信息，而这些被公开的信息极有可能是已被处理过的二手资料。开放数据则更多强调数据的流动性，它的目标是通过将产生于公共机构的一手数据无条件地向公众公布，使得公众能够以自己的方式或技术理解和使用这些数据。⑤

虽然开放数据的理念由来已久，但开放数据的概念却发轫于互联网的兴起。开放数据主要体现在两个领域：科学界和政府。

科学界的开放数据运动发端较早。20世纪中叶，世界数据中心(World Data Center System)建成后，“开放获取科学数据”(Open Access to Scientific Data)的概念被诸多科学家认同。2004年，经合组织(OECD)相关国家科技部部长签署了所有公共资助项目档案应当面向公众的声明。这标志着科学界的开放数据实现了里程碑式的前进。

---

① 王斯妤. 中国政府数据开放：现状问题与策略选择[D]. 吉林大学，2016.

② Auer S. DBpedia：A Nucleus for a Web of Open Data[C]// Semantic Web，International Semantic Web Conference，Asian Semantic Web Conference，Iswc + Aswc，Busan，Korea，November. 2007.

③ Open Knowledge International. Open Definition 2. 0[EB/OL]. [2019-03-04]. https://opendefinition.org/od/2.0/zh-tw.

④ 杨孟辉. 开放政府数据：概念、实践和评价[M]. 清华大学出版社，2017

⑤ 王斯妤. 中国政府数据开放：现状问题与策略选择[D]. 吉林大学，2016.

政府作为管理社会事务、服务民众与企业、履行相关职能的主体，在运行过程中获取和储存了大量数据。这些与国家和社会发展息息相关的数据一旦得到充分利用，就能发挥巨大的潜在价值，因而政府在开放数据领域扮演着极为重要的角色。美国政府于2009年提出“开放政府计划”（Open Government Initiative），引领了政府数据开放的潮流，此后世界各国政府陆续进行了类似的尝试，以期通过数据开放助力经济增长和社会发展。

在中国，目前许多机构已经尝试开展开放数据工作，并获得显著成效。如交通运输部于2016年年底正式上线运营的“出行云”公共数据开放平台。它汇集了来自交通运输管理部门、交通运输企业、互联网企业等多个主体的开放数据，通过智能化处理实现了部分地区的公共交通乘客引流、危险路段车辆分流等重要功能，随着数据量的进一步增大，它也将为中国交通事业发挥越来越重要的作用。

三、政府数据

政府数据是指政府机构在行使其职能过程中产生、采集到的数据。① 与企业、社会团体和个人相比，政府是公民、法人等基本信息的主要持有者；同时，政府数据的采集工作往往具有持续性和全面性。因此，政府数据与全社会的生产生活息息相关，其数据量巨大、覆盖领域全面。政府数据的合理使用能够有效提高政府公共服务效率和质量，进而惠及全社会。② 它所具有的非竞争性、非排他性、高价值并可重复利用等特征，③ 决定了政府数据在信息化社会中将发挥越来越重要的作用。

四、政府数据开放

政府数据开放沿袭了西方传统的政府开放理念，伴随着信息化的历程，其重点从促进政府部门及各级政府间的数据共享，转变为政府与公众间的信息共享与互动。信息社会带来的数据爆发式增长和传播，为政府数据开放提供了发展基础，而公民和企业对政府透明度和数据价值的需求则成为推动政府数据开放最强劲的动力。通过出台相关政策、建立数据公开平台、与各级政府及部门相结合等举措，各国政府已初步实现了规范数据标准、开放存量数据、回应民众特定需求等目标。现代社会中，大数据与人工智能等技术的应用，智慧城市构想的落地和发展，都需要

---

① 张子良，马海群. 我国政府数据开放平台利用效果比较研究[J]. 数字图书馆论坛，2016(06)：8-15.

② Liao P C，Zhang K，Wang T，et al. Integrating Bibliometrics and Roadmapping：A Case of Strategic Promotion for the Ground Source Heat Pump in China[J]. Renewable & Sustainable Energy Reviews，2016，57：292-301.

③ 迪莉娅. 国外政府数据开放研究[J]. 图书馆论坛，2014，34(09)：86-93.

开放更多、更有质量的政府数据。可以认为，政府数据开放与先进技术的交融能够极大地促进经济发展和社会进步。

政府数据开放是开放数据运动中最重要的组成部分，目前已有许多学者对其概念和内涵进行了界定。

沈亚平等人①从利益相关方的交互出发，认为政府数据开放要求国家机关及行使公共管理职能的各社会组织依照法律对自身掌握的与社会公众利益相关的信息进行公开，同时应当允许公民通过所获取的数据对现实状况进行分析、向政府提出改进意见，该定义同时强调了政府数据开放过程中政府共享内容的全面性和公民与政府理解内容的互动性。从数据开放的意义出发，一些学者将政府数据开放定义为：在确保国家安全的条件下，政府向公众免费地开放财政、资源、人口等数据信息，用来增强公众参与社会管理的意愿与能力，进而提升政府治理水平。②

不同的学者看待政府数据开放的视角有所区别，但其对政府数据开放所涉及的主体和深远意义都有共同认识。本书认为，政府数据开放的主体是政府自身，其对象则是全社会中所有对政府数据有需求的个体。政府应当在法律和安全允许的范围内无条件地通过各种便利渠道(数据开放网站、政府办事机构、电话、邮件等)将数据提供给社会各界加以分析和使用。

政府数据开放的基本内涵为透明、参与、合作。③ 随着万物互联、信息爆炸时代的到来，政府开放数据的内涵也有了更丰富的解释。本书认为，政府数据开放所带来的政府透明和公民参与，使得公民由一个被管理者向合作者和管理者迈进，在这个过程中，政府也完成了由管理者向服务者的角色转变。

政府数据开放是现代信息技术的硕果，也是公民意识和公民权利的体现，在未来的国家治理和社会发展中必将发挥越来越大的作用。但目前来看，我国的政府数据开放工作还存在一些不足。尚不完善的政府数据开放法规，在某些情境下造成了数据所有权和使用权的冲突。而数据开放平台的建设也未能充分满足社会各界的要求，已开放的数据存在标准不统一、管理不够规范等问题。政府往往出于数据安全和部门利益的考虑，缺乏公开相关数据的动力。这更加要求我们深入观察当前现象，剖析其原因。

五、地方政府数据开放

地方政府数据开放是一个组合型概念，陈美认为它由“地方政府”和“数据开

① 沈亚平，许博雅．“大数据”时代政府数据开放制度建设路径研究[J]．四川大学学报(哲学社会科学版)，2014(05)：111-118.

② 张明．当前国际政府数据开放进程[J]．国际研究参考，2014(09)：25-28，33.

③ 陈婧．协同机制对政府开放数据的影响分析[J]．情报资料工作，2017(02)：43-47.

放”结合而成。① 通常意义上，由中央政府设置的、为实现国家内小范围区域社会治理的政府单位被称为地方政府。② 结合数据开放的概念和相关学者的认识，本书将地方政府数据开放界定为各省市政府(除中央外)通过建立相关制度及投入资金，将可发挥经济社会效益的政府内部数据以多种形式(数据开放平台、办事机构)等向民众发布，以期提高政府透明度并促进社会发展。

相较于国家层面的宏观数据，地方政府所保存的数据往往由该地区的政府、社会单位和个人产生，与当地民众有着更为密切的联系。较之其他数据，当地民众也对本地区的政府数据有着更为强烈的需求。开放地方政府数据，供当地民众自由获取和使用，有利于提升当地政府的社会治理能力，也可以增强民众对政府的信任感与归属感，促进地区稳定和团结。同时，丰富的数据也有利于激发社会创新、促进经济发展，使地区在激烈的竞争中脱颖而出。鉴于此，我国多个省市自治区的地方政府目前已在数据开放领域取得了一定突破，从 2013 年开始陆续出台了相关政策和数据开放平台，民众也对数据开放有了初步认识。但地方政府数据开放工作需要多个主体、多个平台的协同，在实际工作中涉及领域众多、细节繁杂，我国地方政府目前所建立的平台仍有许多需要完善之处。本书从地方政府数据开放的平台建设和相关政策着手，全面考察目前我国地方政府在数据开放领域中的成就与不足，并有针对性地提出发展策略，以期为我国的数据开放事业作出贡献。

第二节　全球政府数据开放发展趋势

一、国外政府数据开放进程

信息通信技术的不断发展，特别是云计算和物联网技术的普及应用，为数据获取和开放提供了新的方法和工具。21 世纪初，随着奥巴马政府《开放政府指令》的出台、“开放政府合作组织”的成立、世界银行政府数据开放项目的推进③，国际上掀起了政府数据开放探索和实践的热潮。

2009 年 5 月 20 日，奥巴马政府颁布《开放政府指令》，首次提及数据层面的开放，标志着政府数据开放拉开序幕。2013 年，美国政府发布《开放数据政策》(Open Data Policy)，对数据开放的领域及开放时间做出明确要求；同年 5 月，美

① 陈美. 澳大利亚地方政府开放数据的保障机制研究——基于多元公共行政观的视角[J]. 情报理论与实践，2017，40(12)：111，139-144.

② 徐勇，高秉雄. 地方政府学[M]. 北京：高等教育出版社，2006：4.

③ 徐慧娜，郑磊，Pardo T. 国外政府数据开放研究综述：公共管理的视角[J]. 电子政务，2013(06)：2-7.

国推出“开放数据项目”(Project Open Data),旨在向社会开放更多的政府数据端口,让公民可以便捷地利用政府数据创造经济价值。近年来,随着数据开放政策的完善和实践的蓬勃发展,美国政府数据开放的推行力度还在不断加强,成为推动美国经济、科技发展的又一重要加速器。① 在政府数据开放实践方面,美国首席信息官委员会与电子政务与信息技术办公室于 2009 年 5 月正式推出数据开放门户网站 Data. gov,该网站为以往分散的联邦部门或机构数据提供了一个统一的管理平台,② 成为企业、公众、社会组织等免费获取公共数据的有效途径,促使政务信息资源走出政府,得到更广泛的创新与应用。

英国政府数据开放运动开始于 2006 年 3 月《卫报》刊登的一篇名为《把皇冠上的明珠还给我们》的专栏文章。2009 年 12 月,英国政府在报告《第一前线:更聪明的政府》中提出要把政府数据开放作为国家首要战略。2010 年 5 月,英国首相卡梅伦率先提出将“数据权”作为公民的一项基本权利;2011 年 2 月,为保护公民的个人隐私,英国众议院发布《自由保护法(2012)》;2011 年 12 月,英国政府出台《英国公共部门信息原则》,对政府数据信息管理及使用方式进行了明确规定。2012 年 12 月,英国数据战略委员会成立开放数据协会,为推动开放数据进程提供组织保障;随后,英国政府发布了《开放数据的国家信息基础设施》,明确了政府数据开放的核心任务,为政府数据开放的进一步发展指明方向。③

除英美两国之外,澳大利亚、丹麦等国也正在为政府数据开放运动作出积极探索和努力尝试。自 2009 年以来,澳大利亚政府陆续发布了一系列政策文件以推动政府数据开放运动的进程,如 2009 年总理内阁部颁发的《澳大利亚政府信息政策与电子政务》、2010 年财政部颁布的《开放政府宣言》等。④ 在政府数据开放实践层面,澳大利亚政府数据开放门户 data. gov. au 于 2009 年正式上线,该网站涵盖了联邦以及地方政府的公共数据,方便数据用户对公共信息的获取及使用。⑤ 丹麦政府于 2002 年发布《促进公共数据免费开放获取协议》,提出政府部门应当向公众免费提供政务数据资源;自 2011 年起,丹麦又相继颁布了《2011 到 2015 年数字政府战略》《基本数据项目》《开放关键领域的数据库承诺书》等一系列政策文件促进公共

① 蔡婧璇,黄如花. 美国政府数据开放的政策法规保障及对我国的启示[J]. 图书与情报,2017(01):10-17.

② 朱琳,张鑫. 美国政府数据开放政策与实践研究[J]. 情报杂志,2017,36(04):98-105,176.

③ 张世明,谢安. 英国政府开放数据的实践及启示[J]. 中国统计,2016(02):34-36.

④ 陈萌. 澳大利亚政府数据开放的政策法规保障及对我国的启示[J]. 图书与情报,2017(01):18-26.

⑤ 李永春,谢安. 澳大利亚政府开放数据的演变及启示[J]. 中国统计,2015(08):28-29.

数据的开放和共享，并鼓励社会积极利用并挖掘数据的潜在价值。① 加拿大、法国等国也在不断推动本国政府数据开放政策的贯彻和落实。

纵观国际政府数据开放的发展历程，开放数据运动的开展开始于各国政府对数据开放价值的大力宣传，通过向社会各界传播政府数据开放的优势以及必要性，为政府数据开放的发展提供有利的社会环境。为了全面推进数据开放格局并为以后政府数据开放的发展提供标准和依据，各国政府相继颁布了一系列数据开放相关法规政策；部分国家还成立了专门的数据治理机构负责政府数据开放的执行和监督。随着社会的发展和技术的更新换代，政府数据开放将面临新的机遇和挑战，各国政府又将在新的形势下调整和完善政府数据开放政策体系，推动数据开放实践的深入发展。

为充分发挥政府数据开放的作用，目前，发达国家主要通过完善数据开放组织体制、执行数据开放战略以及完善数据开放制度等方式继续推进政府数据开放。完善数据开放组织体制主要是明确分工、协调各组织高效运转，同时发挥政府的主导作用；建设社会参与平台以及转移政府部分职能，鼓励社会公众积极参与。执行数据开放战略首先要制定完善的政府数据开放战略，随后进一步细化战略内容，以稳步推进数据开放运动，并对战略的实施情况实时监督和评价，最后要及时调整和纠正政策执行过程中产生的偏差。完善数据开放制度即完善数据开放的法律法规及政策，建立对数据开放的约束力量。②

在推进本国数据开放进程的同时，各国政府也高度重视国际间的数据开放合作。2011 年，美国、英国、墨西哥、巴西、挪威、印尼、菲律宾、南非等八国宣布成立“开放政府联盟”（OGP），并联合签署了《开放政府宣言》；2013 年 6 月，美国、英国、法国、德国、日本、意大利、加拿大和俄罗斯八国集团首脑在北爱尔兰峰会上签署《开放数据宪章》，承诺最迟在 2015 年按照宪章和技术附件要求进一步向公众开放可机读的政府数据。③

2013—2016 年，我国政府数据开放评估结果在“开放数据晴雨表”中分别位列第 61 名、第 46 名、第 55 名、第 71 名，排名相对落后，与主要发达国家相比存在较大差距。在国际合作方面，我国主要参与了中英研究与创新桥计划、对俄大数据中心、上海与英国开放数据研究所合作项目等数据开放合作项目，目前还没有参与

---

① 黄雨婷，黄如花. 丹麦政府数据开放的政策法规保障及对我国的启示［J］. 图书与情报，2017(01)：27-36.

② 郑振宇. 发达国家政府数据开放体制机制和制度分析与启示［J］. 档案学研究，2018(05)：27-32.

③ 范佳佳. 中外开放数据辅助政府治理现状比较研究［J］. 情报科学，2017，35(11)：38-45.

具有重要影响的政府数据开放合作组织。综上所述，我国政府数据开放还需要大力推进、继续完善和发展。①

二、我国中央政府数据开放相关政策法规

2015年，国务院颁发《促进大数据发展行动纲要》，明确提出推进政府数据开放，建设政府数据开放平台，同时还要求公共机构制订数据开放计划以及数据共享开放目录。2016年，第十二届全国人民代表大会颁发的《"十三五"规划纲要》以及国务院颁布的《"十三五"国家信息化规划》《国家信息化发展战略纲要》与《促进大数据发展行动纲要》，共同构成了我国政府数据开放的基本政策框架，为我国的政府数据开放奠定了重要基础。

在此基础之上，为了推进数据开放战略，我国政府制定了一系列具体政策规划和行动方案，涵盖数据管理机构、数据开放平台、数据发布渠道、数据质量等方面。在政策规划层面，2016年国务院颁发的《"十三五"国家信息化规划》和2018年国家发展改革委及工业和信息化部颁发的《公共信息资源开放试点工作方案》分配了数据开放的任务，确定了数据开放的基本原则以及数据开放试点工作等具体工作内容。在平台实践层面，国务院于2016年颁布了《政务信息资源共享管理暂行办法》以确定政务信息资源的公开目录；2017年，国家发展改革委中央网信办颁布了《政务信息资源目录编制指南(试行)》，对数据资源的目录、元数据等做了更详细的规定。在数据发布方面，国务院办公厅于2017年发布了《政务信息系统整合共享实施方案》，提出利用公共数据开放网站开放数据集。在数据质量方面，国务院办公厅于2016年发布了《国家信息化发展战略纲要》，提出要加强采集管理和标准制定；2018年，国家发展改革委、工业和信息化部颁发的《公共信息资源开放试点工作方案》也提出要加强数据规范，提升数据的完整性、准确性和实时性。在数据利用方面，2016年国务院颁发的《国家信息化发展战略纲要》以及《"十三五"国家信息化规划》提出建立信息资产权益保护制度，以保护个人信息权益。在隐私保护和数据安全方面，第十二届全国人民代表大会常务委员会颁布的《中华人民共和国网络安全法》提出国家实行网络安全等级保护制度，以保证个人信息保密和个人信息安全②。

---

① 张晓娟，孙成，向锦鹏. 基于开放数据晴雨表的我国政府数据开放提升路径分析[J]. 图书情报知识，2017(06)：60-72.

② 白献阳，孙梦皎，安小米. 大数据环境下我国政府数据开放政策体系研究[J]. 图书馆学究，2018(24)：47，48-56.

三、我国地方政府数据开放相关政策法规与实践

地方政府是国家数据开放政策的主体，负责贯彻和落实中央下达的政策指令，依据地方实际情况制定并出台数据开放具体政策指导和规划，推动地方政府数据开放有序、稳健、持续发展。为响应中央政府的号召，自 2015 年以来，各地政府积极探索和构建本地数据开放政策体系，并建立和完善本地数据开放平台。迄今为止，各省市政府在数据开放运动中均取得了显著成果。

在政策设计方面，大多数省市政府制定并颁布了数据开放政策，以指导本地区的数据开放发展。在《促进大数据发展行动纲要》正式颁布之前，上海、天津、重庆、广州等市政府已将数据开放纳入政策议程，领先于全国政府数据开放进程。2015 年至 2017 年是政府数据开放政策颁发的高峰时期，各省市政府根据中央政府的数据开放总体战略，制定并发布结合本省市现实状况的数据开放政策。① 各省市政府发布的数据开放政策大多以意见、通知、方案等形式呈现，政策约束力尚不强，且部分地方的数据开放政策内容较为粗略，无法指导具体行动。在政策目标层面，各省市政府数据开放政策文件中大多提到发展电子政务、建设智慧城市等关键词，总体而言，政策目标较为模糊，只有少数地方政府明确提出数据开放计划，并精确到具体时间、数量指标及落实责任单位。目前，各地政府已经认识到政府数据开放的必要性，将数据开放上升到政策设计层面，但政策设计普遍停留在建成数据开放平台等初级层面，没有对数据开放的质量、效益等进行明确规划，地方政府政策设计仍存在诸多局限和不足，需要不断改进和完善。

在政府数据开放实践方面，截至 2019 年 1 月，我国已建成 30 个地方政府数据开放平台。2017 年 5 月 27 日，复旦大学和提升政府治理能力大数据应用技术国家工程实验室联合发布了《2017 年中国地方政府数据开放平台报告》，公布了中国“开放数林指数”。该指数排行榜中，位于前十位的省市分别是上海、贵州、青岛、北京、武汉、东莞、佛山、广州、海南和无锡；上述省市数据开放平台承载的数据集量及数据量巨大，平台功能区设置较为完善，网站页面简洁明了，数据工具及数据应用相对便捷。但仍有部分地方数据开放平台存在诸多问题，例如数据集量以及数据量不足，数据主题以及元数据等覆盖范围不足，网站页面较混乱。此外，建设数据开放平台的目的是促进数据应用，虽然目前各地均建设了数据开放平台，但是否真正促进了数据利用还未可知。②

---

① 丁辉侠. 地方政府大数据治理：行动、挑战与应对[J]. 郑州大学学报(哲学社会科学版)，2018，51(01)：76-80.

② 余奕昊，李卫东. 我国地方政府数据开放平台现状、问题及优化策略——基于 10 个地方政府数据开放平台的研究[J]. 电子政务，2018(10)：99-114.

第三节 地方政府数据开放的意义

政府占有整个社会80%以上的数据，是数据最主要的拥有者和生产者。① 政府独立完成数据向信息和知识的转换过程只能局限于政府内部的数据价值挖掘和创造，而数据开放意味着数据在全社会范围内的开发和利用，发挥集体智慧，促使多种方向价值的呈现。② 经合组织(OECD)指出，政府数据开放的价值体现在以下三个方面：(1)政治价值，提高政府的透明度、开放度，增强政府的责任意识；②经济价值，数据免费开放推动经济发展和转型升级；③社会价值，方便公民参与，改善公共服务，提高生活质量。③ 美国纽约大学 GovLab 实验室则提出四个方面的影响：(1)增加政府透明度、改善公共服务和打击腐败；(2)为公众在医疗保健、教育等领域的决策提供新的信息渠道；(3)为社会创新、经济增长和就业创造新的机会；(4)在重大公共问题的解决上，推动采用数据驱动(data-driven)的管理和评价手段。④ 此外，英国内阁办公室发布的《开放数据咨询》详细阐述了开放数据与公民息息相关的问责制、支持科学决策、公共服务效率、公共服务质量、社会发展、经济增长等六个方面的价值。⑤

一、政治意义

1. 打造透明开放政府

数据开放是抑制腐败的重要手段，对于建设透明开放的政府具有重要意义。⑥ 通过政府数据开放，公众可以访问具有政治价值的数据，实现问责制并增强透明度。⑦

---

① 迪莉娅. “反公地悲剧”视角下的政府数据开放研究[J]. 情报理论与实践，2016，39(07)：8，56-60.

② 郑磊. 把数据取之于民、用之于民、还之于民[J]. 中国经贸导刊，2016(16)：38.

③ 徐慧娜，郑磊，Pardo T. 国外政府数据开放研究综述：公共管理的视角[J]. 电子政务，2013(06)：2-7.

④ 翟军，翁丹玉，袁长峰，林岩. 英国政府开放数据的“国家信息基础设施”建设及启示[J]. 情报科学，2017，35(06)：107-114.

⑤ 黄如花，刘龙. 英国政府数据开放的政策法规保障及对我国的启示[J]. 图书与情报，2017(01)：1-9.

⑥ Attard J，Orlandi F，Scerri S，et al. A Systematic Review of Open Government Data Initiatives[J]. Government Information Quarterly，2015，32(4)：399-418.

⑦ Yannoukakou A，Araka I. Access to Government Information：Right to Information and Open Government Data Synergy[J]. Procedia-Social and Behavioral Sciences，2014，147：332-340.

对政府活动、服务提供情况和税收使用情况的深入了解，有利于公民更好地参与社会治理，监督公共权力具体运作，有效防治腐败行为的发生。① 例如，英国的“Where Does My Money GO”网站可以供国民查看国家地区在医疗健康、国防安全、环境治理和社会秩序等领域的财政支出，以达到社会监督的效用。② 同时，政府与公民的沟通交流会更加顺畅，增进公民参与公共事务的积极性。③ 在加快透明政府、开放政府、阳光政府的建设进程中，政府公信力可得到全方位提升。④

2. 促进民主政治发展

新一代信息技术的发展和应用为民主协商创造了条件，民情民意反映的时效性表现尤为突出，公民参与方式不再限于线下和短距离。通过政府数据开放平台，人们有能力去追踪社会事件、知晓政治观点、表达意愿诉求等。用户获取数据的同时，也会产生新的数据使用反馈情况，数据得以不断更新，政府也可了解公众需求从而更好地提供数据。政府数据开放在良性循环中，可推进实时互动的民主参与，提高公众关注政治的积极性，实现政府与社会的双赢⑤。联合国 2014 年电子政务调查报告指出，政府数据开放为政府和公众间架起桥梁。对公众来说，数据用户获取关键信息的渠道更加便捷，能够对社会发展机遇作出理性的判断，以此实现资源的高效利用。⑥ 对政府来说，在充分了解民意的基础上，公共决策的有效性增强、质量得到提高。⑦

3. 推动国家治理现代化

政府组织是构建现代化治理体系的重要部分，高效的政府数据开放将有助于打

① 朱贝，盛小平. 英国政府开放数据政策研究[J]. 图书馆论坛，2016，36(03)：120，121-127.

② 陈美. 政府数据开放利用：内涵、进展与启示[J]. 图书馆建设，2017(09)：44-50，77.

③ Cruz R A B，Lee H J. A Socio-Technical Model for Open Government Data Research[J]. Asia Pacific Journal of Information Systems，2016，26(3)：339-366.

④ Origlia C，Cersosimo D，Bianchi T，et al. Assessing an Open Government Data Initiative. The Case of OpenCoesione[C]//E-Democracy and Open Government（CeDEM），Conference for IEEE，2016：164-171.

⑤ 张欣然. 中国政府大数据开放研究[D]. 辽宁师范大学，2017.

⑥ 陈涛，李明阳. 数据开放平台建设策略研究——以武汉市政府数据开放平台建设为例[J]. 电子政务，2015(07)：46-52.

⑦ McDermott P. Building Open Government[J]. Government Information Quarterly，2010，27(4)：401-413.

破政府各层级之间、各部门之间、社会公众与政府之间的边界。一旦全国信息资源共享体系实现跨地域、跨业务、跨系统的管理，将形成国家治理的强大合力，促使各政府部门机构间的办公能力提升，政府的整体办事效能增强。政府通过开放数据，在经济建设、社会建设、文化建设和生态建设上也将发挥更大的作用。政府数据与社会数据的共享融合，能为政府处理复杂公共问题提供科学依据。数字政府的决策和治理，建立在科学的数据分析上，能使公共服务流程、公共服务步骤和公共服务质量得到优化。①

4. 促进政府职能转变

大数据背景下，政府公共数据开放是政府职能转变的重要突破口，将减轻政府对管制手段的依赖。原来由政府部门检查、抽查所形成的数据，可以被其他市场主体广泛收集和分析，使得原来由政府强力管制的事项，交还给市场本身。消费者获取信息的渠道拓宽，以“用脚投票”的市场化方式实现对市场经营者的优胜劣汰，既可以弱化政府部门对市场主体的强制监管，优化监管方式，提升监管效率，又可以增强广大消费者的市场信息意识、权利意识和消费意识。有效调动社会力量参与市场治理的积极性，可以推进政府监督与社会监督的有机结合。②

5. 公共资源有效配置

在数据开放平台上，公众可以通过请求得到自己需要的数据，同时政府也可按照轻重缓急推进数据开放。除了数据使用效益外，主动提供数据将减少公众对信息的访问请求次数，降低电子邮件申请和媒体问询频率，减少由此带来的行政成本和负担，提升政府的运营效率。政府还可以节省数据交易及协商的活动经费，企业和社会公众获取有益数据的时间和金钱成本也大大降低。数据使用越频繁，错误数据被发现和纠正的可能性越大。相比之下，政府数据封闭式储存和利用、政府部门自查自纠的效率明显较低。

二、经济意义

1. 赋能传统和新兴产业

未来，传统产业依靠新一代信息技术的转型已经成为必然趋势。麦肯锡咨询公司曾评估，全球范围内开放数据在消费品、金融服务、交通运输等行业创造共

① 张一青. 中国政府数据开放存在的主要问题和对策研究[D]. 辽宁师范大学，2018.

② 邹开亮，郭金玉. 大数据时代政府公共数据开放对政府职能转变的推动作用[J]. 宜春学院学报，2018，40(10)：43-46.

计每年3万~5万亿美元的经济价值。① 2017年，中国33%的GDP来源于数字经济，数字经济的增长率已超过GDP增速。国家将大数据置于国家经济层面，作为推动整个经济转型的引擎，而政府数据开放则是其重要前提和基础。② 不仅如此，政府数据开放可改变以往企业获取公共数据困难重重的境遇，提升数据可获取性。企业可根据大量数据集进行未来预测、精准营销、产品优化设计、服务改良等③。

随着信息技术的发展和互联网的普及，基于数据分析和整合的应用可能成为新产业，而该产业的发展基础与国家数据公开息息相关。④ 政府数据开放较早、开放数量较多的国家将具备先发优势，甚至孕育出新的企业和商业模式，开发出新的应用，还可以给消费者提供更多的选择机会和更有价值的商品。⑤ 据IDC预测，到2020年，全球将总共拥有35ZB的数据量。以数据开放、数据流转、数据挖掘和数据可视化等为基础发展起来的互联网信息服务业，正在成为规模庞大的新兴服务产业。⑥

2. 创造就业机会

伴随数据产业的兴起，新的就业需求顺势而生。经济发展特区(Enterprise Zone)通过公开经济信息，为全国各个地方提供工作岗位超过15500个。⑦ 不同于体力劳动，新岗位对从业者的教育背景、知识技能有更高的素质要求。政府数据开放平台的建设过程中，政府和社会的数据采集、清洗、存储、发布、挖掘和分析能力步入新阶段，与此同时从事数据管理和维护的劳动力队伍也会扩大，长此以往，整体劳动者素质将更加适应数字社会的要求，这将能够有力地推动社会生产力的再发展。

---

① 武琳，刘珺. 数据消费与孵化创新——开放政府数据商业应用发展趋势[J]. 情报资料工作，2016(03)：90-94.

② 家伶. 用大数据感知城市的脉搏[EB/OL]. [2019-02-10]. http://xmwb.xinmin.cn/html/2019-02/10/content_16_1.htm.

③ 唐新建. 河北省开放政府数据平台设计研究[D]. 河北大学，2017.

④ 张毅菁. 从信息公开到数据开放的全球实践——兼对上海建设"政府数据服务网"的启示[J]. 情报杂志，2014，33(10)：175-178，183.

⑤ Zeleti F A, Ojo A, Curry E. Exploring the Economic Value of Open Government Data[J]. Government Information Quarterly, 2016, 33(3): 535-551.

⑥ 鲍静，张勇进，董占广. 我国政府数据开放管理若干基本问题研究[J]. 行政论坛，2017，24(01)：25-32.

⑦ 李燕，张淑林，陈伟. 英国政府数据开放的实践、经验与启示[J]. 情报科学，2016，34(08)：148-152.

3. 加速商业创新

政府数据具有高可靠性、大体量等特征，蕴含极大的内涵价值，通过数据分析、应用和挖掘技术，可以为社会和公众提供巨大的创新价值。① 企业以数据形式访问知识资源，可以减少重复研究并促进现有资源的复用。② 政府数据开放有利于企业开发新产品和新服务，鼓励基于数据的创新创业，支持传统行业借助数据转型升级。③ 且政府数据的社会化增值利用，能够生产出各种增值信息产品，满足社会多样化、多层次的需求。④

4. 营造良好市场氛围

顺应服务型政府建设的潮流，人们生产生活所产生的数据不再由政府独自掌握，而是高质量、高效率地向社会开放共享。经济领域的相关数据公开能促进良好市场氛围的营造，使得市场主体不再受过分强制措施的约束，反而能在透明的环境中公平交易，实现企业行业良性竞争。由于各类数据向全社会开放，削弱了某些企业对数据和信息的垄断程度，原本承受不了高额数据购买费用的中小型企业将有能力参与与数据相关的商业活动。对消费者而言，个人可以理性地评价商业组织提供的数据服务质量，甚至可以搜集证据来维护消费者的合法权利。⑤

5. 增强国际竞争力

政府数据开放逐渐成为一项全球性议题，主要国家政府正在积极部署政策并投入资源。这不仅源于现代政府治理的新理念，更来自全球信息化发展的驱动。政府数据资源的争夺战加剧，政府数据的对外开放、共享和处理能力成为国家的核心竞争力之一。以政府数据开放为支撑，加速数据向信息和知识转化，充分挖掘和释放原始数据的公共价值，是国家自身发展和安全的需要，也是在全球科技竞争中掌握

---

① 钱晓红，胡芒谷. 政府开放数据平台的构建及技术特征[J]. 图书情报知识，2014(03)：124-129.

② 胡逸芳，林焱. 加拿大政府数据开放政策法规保障及对中国的启示[J]. 电子政务，2017(05)：2-10.

③ Janssen M，Charalabidis Y，Zuiderwijk A. Benefits，Adoption Barriers and Myths of Open Data and Open Government[J]. Information systems management，2012，29(4)：258-268.

④ 杜振华，茶洪旺. 政府数据开放问题探析[J]. 首都师范大学学报(社会科学版)，2016(05)：74-80.

⑤ 杨玉莹. 大数据时代下政府数据开放的挑战与对策研究[J]. 四川行政学院学报，2017(02)：12-16.

主动的全局性策略。①

三、社会意义

1. 提升公民生活质量

政府数据开放拓宽了公众获取教育、医疗、交通、就业、投资等信息的渠道，在缩小数字鸿沟的同时，为公众的各类社会活动提供了极大便利。② 例如，基于地理和交通数据的导航系统，错开拥堵路段、规划最优路线，能够节省出行时间并提高道路的使用效率。基于学校和医院公开的相关数据，人们可以作出合理选择，获取自己所需的公共服务。此外，社会组织和开发商还可以利用政府开放数据，充分了解市场需求，为公众提供创新服务和产品，提升社会整体生活品质，实现科技成果社会共享。③

2. 加速智慧城市发展

新一代信息技术是智慧城市建设的基础，数据的挖掘和利用是城市得以智慧化的根基。城市数据的采集、清洗、存储和利用，是智慧城市健康发展的重要任务之一。对数据的高需求与政府数据开放的发展趋势相契合，政府开放数据与城市各个领域密切相关。④ 无论是城市预算、收支等财务事项，还是地铁、公交等交通系统，甚至可获取的服务、犯罪情况等，都影响着城市的运行状况。没有数据支撑的城市服务，无法实现数字化和智能化，仅仅是普通的服务模式。在美国，城市数据的开放帮助了应用程序开发人员和城市规划人员深入了解城市问题，纽约、旧金山、华盛顿和芝加哥等城市充分利用城市交通数据、犯罪统计数据、城市服务数据等，开发各类应用程序，以此来维护公共安全、提供优质服务。⑤ 通过大数据开放和实时跟踪，可预判社会公共事件，快速采取有效的应急备案，降低公共危机发生的概率，减少损失。⑥

---

① 王斯妤. 中国政府数据开放：现状问题与策略选择[D]. 吉林大学，2016.

② Veljković N，Bogdanović-Dinić S，Stoimenov L. Benchmarking Open Government：An Open Data Perspective[J]. Government Information Quarterly，2014，31(2)：278-290.

③ 季统凯，刘甜甜，伍小强. 政府数据开放：概念辨析、价值与现状分析[J]. 北京工业大学学报，2017，43(03)：327-334.

④ 李宇霄. 面向智慧城市建设的开放政府数据政策研究[D]. 黑龙江大学，2018.

⑤ 陈美. 智慧城市建设中数据开放保障研究[J]. 现代情报，2018，38(11)：39-43，89.

⑥ 徐曼莉. 大数据环境下我国政府数据开放路径研究[D]. 南京师范大学，2017.

3. 形成基于数据的决策文化

政府数据是社会的基础数据，因而政府数据开放很大程度上制约着整个社会的数据整合。基于数据整合的分析，将决策建立在数据和事实之上，能促进基于数据的决策文化的形成。数据不仅仅是一种权利，更是一种文化，每个人都能在有效使用数据的文化培养中发挥重要作用，这种文化的改变需要嵌入整个机构系统中。广泛地使用数据分析，可以提高生产效率、降低风险，并帮助人们更迅速地做出正确决策。①

4. 激发民间智慧

政府数据开放意味着数据在社会的自由流动以及知识向大众的自由流动。数据共享、利用和开发，吸引着社会各界人士参与公共事务的治理，激发民间智慧和社会活力，从而带来更多的大众创新。② 例如，国内外学术机构、公共部门和行业研究机构有渠道获取第一手资料进行实证研究，学者专家根据政策的合理性和实施效果提出更为科学的公共政策建议等。③

部分数据开放平台兼具反馈机制和分享机制，能充分激发公众的参与热情。公众在获取和利用自己所需数据的同时，向网站反馈修正建议或相关看法，可以增进参与感；对于某些设置分享链接的网站，用户可以将有价值的数据分享至社交网站，使其在这些媒介间进一步传播扩散，影响和带动更多新用户使用政府数据开放平台，在某种意义上架起了公众与政府之间交流的桥梁。④

四、科技意义

政府数据开放与信息技术相互影响和相互促进。一方面，新一代信息技术的发展，为政府数据开放创造条件，原始数据的潜在价值得以被挖掘；另一方面，人工智能、大数据、云计算等信息技术的效用发挥，很大程度上与数据的规模、质量和来源有关。政府数据开放平台的建设，能有效降低高校实验室和科创企业获取数据的难度，如地理、医疗等公共数据出于安全性考虑，非政府组织和个人难以获取。而且官方数据一般更具权威性、真实性、规范性和可用性，有利于降低数据清洗、

---

① 迪莉娅. 国外政府数据开放研究[J]. 图书馆论坛，2014，34(09)：86-93.

② 谭海波，张楠. 政府数据开放：历史、价值与路径[J]. 学术论坛，2016，39(06)：31-34，53.

③ Alexopoulos C，Loukis E，Charalabidis Y. A Methodology for Determining the Value Generation Mechanism and the Improvement Priorities of Open Government Data Systems[J]. Computer Science and Information Systems，2016，13(1)：237-258.

④ 杨菲菲. 国外政府数据开放门户网站建设研究[D]. 燕山大学，2016.

转换和存储的成本。

第四节 地方政府数据开放评价方法

开放政府数据是互联网时代下发展的必然趋势，是人类社会向“大数据时代”纵深迈进、建设“智慧城市”和“智慧国家”的必经之路，也是促进政府管理透明化和法治化、激发社会经济活力的有效举措。① 目前，全球政府数据开放运动进入高潮阶段，各国政府纷纷制定和颁布各类数据开放相关政策文件，并建立起国家或地方性的数据开放门户网站，不断扩大数据开放范围。政府数据开放评价是政府数据开放活动的重要组成部分，通过建立一套科学适用的评价体系，能够清晰掌握政府数据开放运动的进展、现有成果和存在问题，为政府开放数据的可持续发展提供参考和指引②。

目前，针对政府数据开放评价，国内外众多组织已经从数据开放政策、数据开放质量、数据开放项目、数据开放平台、用户视角、数据可用性及开放性等方面设计了各具特色的数据开放评价体系。本节将从国际和国内两个方面综述政府数据开放评价方法的当前进展，并针对主要评价方法进行比较和评析，总结归纳政府数据开放评价的总体趋势。

一、国外地方政府数据开放评价方法

国外针对政府数据开放的评价研究起步较早，探索较为深入，评价方法更为多元化，政府数据开放评价体系基本完善。例如，Nikiforova 等③从用户视角切入，根据用户对政府数据开放门户的检索、访问、再利用等特殊需求，对其进行可用性评估，以促进政府数据的透明和公开；Parycek 等④针对内部目标群体和外部利益相关者，采用实地访谈和问卷调查法，从政策执行、社会影响、未来愿景等方面对维也纳政府数据开放战略的实施情况进行了评估。

在国外，万维网基金会、开放知识基金会、联合国等国际组织已经针对如何评估开放数据集、数据开放政策、数据开放项目和数据开放平台展开了系统深入的研

① 汪松兴. 基于标杆管理的开放政府数据评估方法及其应用研究[D]. 南京大学，2016.

② 韦忻伶，安小米，李雪梅，明欣，余维健. 开放政府数据评估体系述评：特点分析[J]. 图书情报工作，2017，61(18)：119-127.

③ Nascimento F R, Cesar da Rocha J, Garcia A C. Automated Evaluation of Open Government Data Portals：A Case Study[J]. International Journal of Electronic Government Research (IJEGR), 2008, 14(3), 57-72.

④ Parycek P, Hochtl J, Ginner M. Open Government Data Implementation Evaluation[J]. Journal of Theoretical and Applied Electronic Commerce, 2014(9), 80-99.

究和探索，并提出了各具特色的数据开放评价体系。根据目前已有的国际数据开放评价体系，筛选出开放数据晴雨表、全球开放数据指数、电子政务调查、开放政府数据指数、开放数据准备度等五个具有代表性的政府数据开放评价方法进行简要阐述。

1. 互联网基金会的开放数据晴雨表

开放数据晴雨表是由互联网基金会(World Wide Web Foundation)和开放数据研究所(Open Data Institute)于2013年联合发布的,① 并分别于2013年、2015年、2016年和2017年发布了四份《全球开放数据晴雨表报告》(Open Data Barometer Global Report)。开放数据晴雨表作为一项第三方独立评估项目，旨在分析全球开放数据趋势，通过对世界多个国家和地区进行排名，从而揭示出世界各国开放数据运动的影响力和普及度。② 其主要从准备度、执行度和影响力三个维度，对世界各国政府数据开放的现状及产生的影响进行科学评价。准备度主要评价政府在数据开放运动中制定并颁布的各类政策指导和行动计划；执行度主要评价政府将开放数据相关计划和政策付诸实践的进展状况；影响力主要评价政府数据开放运动为政治、经济和社会带来的现实收益状况。具体内容见表1-1。

表1-1　开放数据晴雨表

一级指标	二级指标	三级指标
准备度	政府政策	包括政策制定、管理和重视程度
	政府行动	包括政府行动计划、在线服务指数和地方政府行动计划
	公民和社会团体	包括信息权利、个人数据保护框架、政治与公民自由和技术智力支持
	企业	包括政府支持、企业技术吸收水平、教育培训、百人互联网用户数
执行度	创新型数据集	包括地图数据、公共交通时间表、犯罪统计数据、国际贸易数据、公共合同
	社会政策数据集	包括健康部门表现、中小学教育表现数据、人口普查细节数据、法律
	问责型数据集	包括所有权数据、国家选举数据、政府细节预算、政府开支细节数据、公司注册

① 张晓娟，孙成，向锦鹏. 基于开放数据晴雨表的我国政府数据开放提升路径分析[J]. 图书情报知识，2017(06)：60-72.

② 姜鑫，马海群. 开放政府数据评估方法与实践研究——基于《全球开放数据晴雨表报告》的解读[J]. 现代情报，2016，36(09)：22-26.

续表

一级指标	二级指标	三级指标
影响力	政治影响力	包括政府效率效能、政府透明度
	社会影响力	包括环境可持续、边缘人群政治参与
	经济影响力	包括经济影响、企业利用

2. 国际开放知识基金会的全球开放数据指数

全球开放数据指数(Global Open Data Index)由国际开放知识基金会(Open Knowledge International)于2013年正式发布，旨在考察和反映全球范围内国家层面的开放数据状况。① 全球开放数据指数以公民视角出发，考察政府开放数据的质量，提供了从用户维度切入的评价测量方法，以推动政府提高开放数据水平。其评价方法采用了滚雪球抽样、同行评议和专家评审方法，各国专家和志愿者提交的调查问卷和会议方案是开放数据指数的重要衡量因素。其评价内容包括了公司注册、选举结果、国家地图、政府支出、政府预算、法律、统计数据、公共交通等10个关键数据集，着重考察数据在技术和法律方面的开放性，在权重计算上各占50分，所涉及的具体问题分别赋有不同的加权分值。②

3. 联合国电子政务调查

自2002年起，联合国经济和社会事务部(UNDESA)开始对全球190多个国家和地区的电子政务发展情况展开调查和评估，③ 截至2018年年底已发布10份电子政务报告，其每一年度的调查报告都会针对众多国家和地区在电子政务发展过程中遇到的共同难题进行深刻分析和阐释，是21世纪以来全球电子政务价值取向变化的映射。

《2018年联合国电子政务调查报告》于2018年9月21日发布，其围绕“发展电子政务，支持向可持续和弹性社会转型”主题，从在线服务、电信基础设施、人力资本三个维度对193个国家的电子政务发展水平进行了调查评估。④ 从此次调查评估的结果来看，目前世界各国和地区都在积极发展电子政务，建设数字化和透明化

① 郑跃平，刘美岑. 开放数据评估的现状及存在问题——基于国外开放数据评估的对比和分析[J]. 电子政务，2016(08)：84-93.

② 夏义堃. 国际组织开放政府数据评估方法的比较与分析[J]. 图书情报工作，2015，59(19)：75-83.

③ 宋瑞鲁. 全球电子政务发展的价值取向[D]. 吉林大学，2011.

④ 《2018联合国电子政务调查报告(中文版)》发布[J]. 电子政务，2018(10)：49.

政府，其中我国电子政务发展指数为0.6811，位居第65位，① 处于全球中上水平。

4. 世界经合组织的开放政府数据指数

开放政府数据指数是由世界经合组织(The Organization for Economic Cooperation and Development)提出的用于评价其成员国在政府开放数据的完成度和影响力的一个综合指数，其主要由开放政府数据政策及管理框架、开放政府数据的完成度、开放政府数据的影响力、增值利用面临的挑战四个部分构成。② 其从2014年起每年度发布一篇报告，评价范围囊括了其30个成员国，评价体系由数据可获取度、数据易获取度和政府对再利用和利益相关者参与的支持三大维度构成，评价数据主要来源于在线问卷调查。具体内容见表1-2。

表1-2 开放政府数据指数

维度	具体指标
国家数据开放平台的数据可获取度	国家选举结果、国家公共支出、地方公共支出、国家人口普查最新结果、政府数据再利用
国家数据开放平台的数据易获取度	使用CSV格式(机读)、元数据的系统提供、图像可获取；地理空间工具、最受欢迎数据集排名、访问者投票功能、新增数据集时发布通知
政府对数据再利用和利益相关者参与的支持	定期协商开放数据的类型、软件开发竞赛及奖励、面向公民和企业的信息会议、将公开数据集和完成开放政府数据政策纳入政府部门绩效评估、组织共同创建项目、面向新闻记者的数据推广、政府数据分析团队、面向公务员能力建设的培训

5. 世界银行的开放数据准备度

2013年，世界银行开放数据工作组推出了开放数据准备度评估框架。该评估框架从法律和领导力、数据开放体制、数据开放需求、公民参与情况、数据开放的资金资助情况、信息基础设施建设、整体政府责任、关键数据集持有者、潜在数据持有机构、数据用户和公民社会等维度，综合评估了开放数据生态系统的动态演化进程，从数据生态中的利益相关者视角对政府开放数据的现状进行了审查和诊断，

① 腾讯研究院. 韧性社会来了：2018联合国电子政务调查报告提出这五大关键词[EB/OL]. [2018-08-15]. http://sa.sogou.com/sgsearch/sgs_tc_news.php?tencentdocid=20180815A180DX00&req=o7UeCTT1ag1gOPIoERdegB78ALEq-93iiUz2lyZMBVo=&user_type=1.

② 王迪. 开放政府数据评估体系比较研究[J]. 情报资料工作，2017(05)：27-33.

以促进全球数据开放运动的改善和优化。具体内容见表 1-3。

表 1-3 开放数据准备度

一级指标	二级指标
法律/政策领导力	包括个人隐私保护、信息访问权限、数据安全及管理、政府数据的所有权及许可、政府出售数据政策
体制结构/政府职责	包括领导部门、数据管理职位、绩效或服务质量评估、统计部门、ICT 技术基础、政务网站的服务表现
数据管理及可用性	包括政府信息管理的政策和实践、数据持有态度、政府内部的数据实际和潜在需求、数据开放条件、个人数据匿名化、具有数据领导能力的政府部门
高级领导力	包括政治领导、政治治理模式、政治活动或计划、政治环境、开放政府合作伙伴组织间的关系
开放数据需求	包括源于社会、合作伙伴和媒体的实际和潜在需求，源于企业和私人部门的实际和潜在需求，政府部门对数据需求的回应，外部利益相关者对政府回应数据需求的看法和态度
公众参与	包括信息媒介和生态、数据再利用活动、社交媒体和数字化渠道、移动客户端经济、具有数据分析和技术培训相关能力的学术或研究组织
信息基础设施建设	包括 ICT 生态和技术普及程度、互联网接入成本、IT 产业、开发社区以及整体数字素养
开放数据项目融资	包括项目启动阶段的资助、ICT 设施及人力资源发展资助、创新资助机制

此外，欧盟的开放数据评估项目，包括欧洲公共部门信息记分牌、欧洲开放数据监测仪、开放数据 500 全球网络、伦敦开放数据研究院的开放数据证书等，都从多元化维度反映了全球不同地区政府开放数据的发展水平和存在问题。总体而言，国际政府数据开放评价方法较为先进成熟，评估涵盖范围较广，但由于其评价体系明显针对欧美发达国家量身设计，某些评价维度并不能完全适用于我国数据开放运动。

二、国内地方政府数据开放评价方法

国内数据开放运动的评价体系构建进程普遍滞后于国外，研究水平也较低，评价主题集中在开放政策、开放制度、管理体制、开放平台、用户增值、智慧城市数据开放等，① 评价框架也较多借鉴和参考开放数据晴雨表、开放数据指数等国际上权威的开放政府数据评估项目。例如，姜鑫等②基于《全球开放数据晴雨表报告》，从政策制定、执行、评估和反馈的政策过程视角，针对我国政府数据开放运动提出了相关政策建议；翟军等③通过文献调研，借鉴国外先进数据开放评估体系，从元数据和数据集、模式层和实例层，归纳数据质量评估的维度和指标。

总体来看，复旦大学国际关系与公共事务学院在开放政府数据方面的研究较为深入，其发起的开放政府数据有用性和易用性评估指标、开放政府数据探显镜和我国开放数林指数，形成了全国性或区域性的政府数据开放评价体系。

1. 开放政府数据有用性和易用性评估指标

复旦大学数字与移动治理实验室的徐慧娜等从用户视角切入，在政府数据开放评价中引入技术接受模型（TAM），并以纽约市和上海市的政府数据开放平台为研究对象，综合借鉴其他研究成果，得到 13 项观察指标，归纳为数据有用性、数据易用性和数据利用效果三个维度，④ 构建起初步的政府数据开放评价框架。数据有用性是指开放政府数据为用户带来的潜在利用价值；数据易用性是指用户在开发和利用政府开放数据过程中的难易程度；数据利用效果则是根据数据集的下载量和浏览次数、基于开放政府数据的 App 应用数量两个数据指标，对数据利用效果进行综合评价。具体内容见表 1-4。

表 1-4　复旦大学开放数据评估指标

维度	具体指标
数据有用性	包括数据量、数据时效性、元数据、数据格式
数据易用性	包括检索便利性、数据集可视化、授权、限制区域、个性化定制、互动分享、移动终端适配性
数据利用效果	包括数据集下载量和浏览次数、App 应用数量

① 崔旭，赵希梅，何颖，王晓文，韩子鹤. 政府数据开放评价体系研究[J]. 科技管理研究，2018，38(01)：256-260.

② 姜鑫，马海群. 开放政府数据评估方法与实践研究——基于《全球开放数据晴雨表报告》的解读[J]. 现代情报，2016，36(09)：22-26.

③ 翟军，陶晨阳，李晓彤. 开放政府数据质量评估研究进展及启示[J]. 图书馆，2018(12)：74-79.

④ 徐慧娜，郑磊. 面向用户利用的开放政府数据平台：纽约与上海比较研究[J]. 电子政务，2015(07)：37-45.

2. 中国开放数据探显镜

2015年，复旦大学数字与移动治理实验室和“开放数据中国”在借鉴开放数据晴雨表、开放数据指数分析框架的基础上，基于我国国情，联合推出“中国开放数据探显镜”，首次对国内地方政府数据开放平台展开调查和评价。该评估框架由基础层、数据层和平台层三个维度组成①：基础层主要指数据开放的环境，包括法律法规、组织和管理、社会、经济等；数据层主要指数据自身属性及使用情况，包括数据数量、数据定义、数据分类、数据质量、数据可用性、时效性和易用性、元数据等；平台层主要指数据开放平台运营状况，包括数据导引、数据获取、数据应用、互动交流和界面体验等。

其数据采集主要采用文献分析、数据抓取和人工观察三种方法相结合的形式，针对国内8个地区的开放政府数据门户进行比较分析，并总结出我国地方政府数据开放平台建设存在的六大问题，提出相应改进对策。开放政府数据探显镜是构建适于我国国情的评价框架的一次尝试和探索，以全面、深度、细致地展现我国政府数据开放现状，从而为推进我国开放政府数据进程提供合理的政策建议。

3. 中国开放数林指数

复旦大学数字与移动治理实验室基于研究积累和数据监测分析，最终推出中国开放数林指数。开放数林指数包括数据层、平台层、准备度三个维度：数据层是数据开放的核心，平台层是数据开放的用户获取利用的载体，准备度是数据开放的基础。“开放数林”喻指我国开放数据的生态系统，通过定期发布开放数林指数，持续跟进我国地方政府开放数据生态系统的形成和发展，以促进开放“数木”的蓬勃生长，最终成长为持续循环、繁盛多样、平衡清朗的“开放数林”。② 具体内容见表1-5。

表1-5　中国开放数林指数

基本维度	具体指标
数据层	包括数据质量、数据标准、数据可持续性、数据数量、数据覆盖面
平台层	包括数据获取、平台导引、工具提供、成果展示、平台概览、互动交流、个性化整合
准备度	包括法规政策、领导力、组织保障

① 郑磊，高丰. 我国开放政府数据平台研究：框架、现状与建议[J]. 电子政务，2015(07)：8-16.

② 中国日报网. 复旦大学发布《2018我国地方政府数据开放报告》暨“我国开放数林”指数[EB/OL]. [2018-05-30]. http://sh.chinadaily.com.cn/2018-05/30/content_36298721.htm.

综合国内政府数据开放评价方法来看，大多参照了国外的评估项目，并结合我国政府数据开放的现状进行了比较分析，以期设计一套合适的评价体系，对我国开放政府数据运动形成多维度的认知和理解，发现我国在政府数据开放实践中存在的问题，并提出专门化的对策意见。但目前的评估聚焦于开放政府数据门户网站，且多个评估指标无法进行具体量化，更多停留在简单的定性描述层面，也并未与其他国家的开放政府数据水平相比较，无法了解自身与国际先进水平之间的差距。

三、地方政府数据开放评价方法总结

综上所述，国外和国内政府数据开放评价的相关研究，均立足于国情提出了评估框架和评估体系，其采用方法和评估侧重点也各具特色。本节基于国内外的八个具有代表性的政府数据开放评估体系，分别从发布机构、评估对象、评估方法、数据来源和时间频率等五个维度进行对比，探究不同评估体系之间的异同点。具体内容见表 1-6。

表 1-6　主要政府数据开放评估体系比较

	评估项目	发布机构	评估对象	评估方法	数据来源	时间频率
国外	开放数据晴雨表	互联网基金会	全球主要国家或地区层面的政府数据开放情况	问卷调查、资料查询	专家问卷、二手数据	每年
	全球开放数据指数	国际开放知识基金会	全球国家或地区层面的关键数据集	滚雪球抽样、同行评议、专家评审	调查问卷、国际会议	一年
	电子政务调查	联合国经济和社会事务部	国家数据开放门户网站	结构化问题的桌面研究	统计资料	每两年
	开放政府数据指数	世界经合组织	全球国家政府数据开放平台情况	问卷调查	调查问卷	一年
	开放数据准备度	世界银行开放数据工作组	全球国家、区域、城市、私人机构和部门	问卷调查、会议、访谈	调查问卷、会议记录、访谈记录	不定期

续表

	评估项目	发布机构	评估对象	评估方法	数据来源	时间频率
国内	开放政府数据有用性和易用性评估指标	复旦大学数字与移动治理实验室	地方政府数据开放平台	数据抓取	官方统计数据	不定期
	中国开放数据探显镜	复旦大学数字与移动治理实验室	地方政府数据开放实践情况	文献调研、数据抓取、人工观察	官方统计数据、统计资料	不定期
	中国开放数林指数	复旦大学数字与移动治理实验室	地方政府数据开放平台	文献调研、数据抓取、人工观察	官方统计数据、统计资料	不定期

综合国内外主要政府开放数据评估体系的内容，大多数评估体系均从准备度、执行度、影响力三个基础维度展开调查和评估。准备度主要包括法规政策、组织行动、社会支持、信息基础设施、文化宣传等；执行度包括数据管理、平台管理、其他执行活动等；影响力主要包括政治、经济、文化等宏观层面的影响和平台使用等微观层面的影响。如表 1-7 所示。

表 1-7　政府数据开放评估体系内容

一级指标	二级指标		指标描述
准备度	法规政策		政府颁布的与开放数据相关的法规政策
	组织行动		政府为数据开放运动采取的组织行动
	社会支持		企业、社会公众等的反映和支持
	信息基础设施		与开放数据相关的技术普及度、社区开发等
	文化宣传		数据开放运动的理念宣传和文化传播
执行度	数据管理		与开放数据相关的数据需求平衡、信息安全管理等
	平台建设及维护		数据开放平台的建设及管理
	其他执行活动		政府数据开放实践活动
影响力	宏观层面	政治、经济、文化等	数据开放运动的社会效益
	微观层面	数据获取、平台引导、互动交流等	数据开放平台的使用

本书将借鉴国内外具有代表性的政府数据开放评价体系，并结合我国地方政府数据开放建设的实际情况，从数据开放政策体系建构和开放数据平台建设运营两大方面，对我国地方政府数据开放情况展开全面分析和系统评估，推动我国政府数据开放的体系化进程。

第二章　地方政府数据开放研究设计

第一节　地方政府数据开放研究总体思路

本书从地方政府出台的数据开放相关政策和已建成的政府数据开放平台两方面入手，通过文献研究、资料搜集和整理、平台数据抓取等方式，研究我国地方政府数据开放政策和实践情况，全面展现我国地方政府数据开放的发展现状。然后设计评价地方政府数据开放政策发展和平台实践的指标体系，用以评价我国地方政府数据开放质量。最后总结我国地方政府数据开放未来发展面临的机遇和障碍，并提出相应的对策建议。

首先，在地方政府数据开放发展的过程中，政策体系是影响政府数据开放推行的关键制度因素。各地方政府出台的数据开放相关政策在一定程度上为本地政府数据开放的发展提供了方向性的指导，指出了政府数据开放的重点领域，明确了政府数据开放的时间规划和发展路径，推动了地方政府数据开放的实践。因此，有必要对我国各地方政府出台的数据开放相关政策进行系统分析。本书将我国地方政府数据开放相关政策划分为省级行政区政府政策和副省级及以下城市政府政策，从政策发布时间、政策发布机构、政策目标和政策内容四个维度对各地区政府出台的相关政策进行深度分析。

其次，建立数据开放平台是各地方政府贯彻相关政策、推动数据开放的重要举措。地方政府将各部门的数据汇总整合到一起，进行统一管理，然后通过数据开放平台发布各类免费的、可机读的数据，提供数据检索、数据下载、数据链接、数据咨询等应用实践服务，以满足企业、社会组织、公众等的数据需求，促进政府数据的社会化利用和增值。地方政府数据开放平台的建设水平关系着地方政府数据开放的质量和效果，① 有必要了解各地方政府数据开放平台的发展现状。同样，地方政府数据开放平台划分为省级行政区政府数据开放平台和副省级及以下城市政府数据开放平台，从数据资源、数据组织与检索、数据服务三个维度对各地区政府数据开

---

① 崔旭，赵希梅，何颖，王晓文，韩子鹤．政府数据开放评价体系研究［J］．科技管理研究，2018，38(01)：256-260.

放平台进行深度分析。

最后，在了解和掌握我国地方政府数据开放相关政策和平台建设情况的基础上，设计相应的评价指标体系，根据各项指标对我国地方政府数据开放政策和平台实践进行综合评价。在相关政策方面，从政策完备性、政策强度、政策协同性三个维度展开评价；在平台实践方面，从数据质量、平台功能、平台协同性三个维度展开评价。通过对相关政策和平台实践的评价，明确我国地方政府数据开放发展的程度，为总结我国地方政府数据开放发展存在的机遇和面临的障碍、提出我国地方政府数据开放未来发展路径提供参考。

第二节　地方政府数据开放政策研究设计

一、研究方法

内容分析是将非结构化的文献文本转化为定量化的数据，并根据定量化的数据做出定量性的分析和判断的分析方法，用于现状分析、趋势分析、比较分析和意向分析等。本书用内容分析法研究地方政府数据开放相关政策的政策文本，在确定好各种分析单元和分析维度之后，对政策内容进行归类和量化分析。

本研究搜集来自省级行政区政府和副省级及以下城市政府出台的数据开放相关政策文件和相关资料，主要从政策发布时间、政策发布机构、政策目标和政策内容四个维度着手，提取具体关键词和相关信息，定量化处理，更为清晰、直观地展现我国地方政府数据开放政策现状。然后从政策完备性、政策强度和政策协同性三个方面，对地方政府数据开放政策进行评价。

二、政策分析框架(图 2-1)

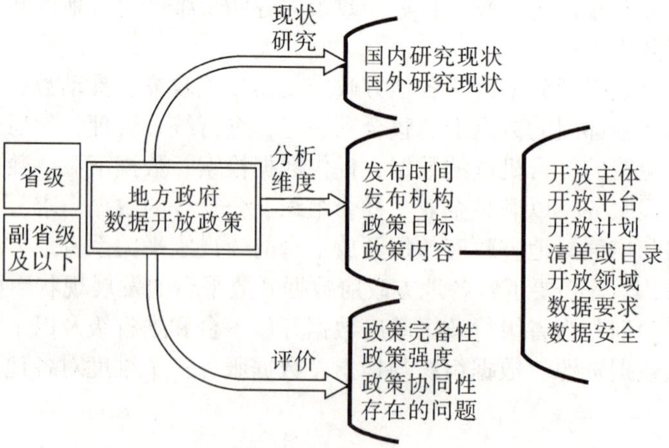

图 2-1　地方政府数据开放政策分析框架

三、政策来源

1. 政策检索

首先，通过省级行政区政府和副省级及以下城市政府的官方网站查询有关数据开放的政策文件，以及政府办公厅、发展和改革委员会、工业和信息化委员会等政府部门发布的相关官方文件，并从中选取 2013 年以来标题中含有“数据开放”“数据共享”“大数据”“智慧城市”“政务公开”“信息公开”“信息化”“互联网+”等关键词的政策文件，以及与地方政府数据开放有一定关联的政策文件。

其次，利用谷歌网页搜索方式，以地方政府名称和各个关键词为检索词进行组合式搜索，搜集查找除了政府、政府办公厅、发展和改革委员会、工业和信息化委员会外其他市政府部门发布的与地方政府数据开放相关的政策文件，以在更大范围内获取地方政府数据开放政策文件，保证对地方政府数据开放政策展开分析的完整性、全面性和系统性。

最后，仔细阅读获取的地方政府数据开放政策文本内容，摘取政策文本中与政策发布时间、政策发布机构、数据开放目录或清单、开放主体、开放平台、开放计划、开放领域、开放数据要求和开放数据安全等对地方政府数据开放平台建设具有实质性指导意义的政策信息，整理成表格形式，将其作为地方政府数据开放政策研究的具体单元。

政策选取的时间为 2019 年 1 月 14 日至 1 月 17 日，政策整理的时间为 2019 年 1 月 18 日至 1 月 21 日。

2. 政策选取原则

(1) 权威性

本书在检索政府数据开放相关政策资料时，尽可能通过政府部门官方网站或权威搜索平台搜集政策文本和相关资料，最终获得的政策文本及相关资料均为各级地方政府发布的官方规范性文件，确保数据资料的权威性和可靠性。

(2) 相关性

本书的政府数据开放是指政府数据面向社会公众的开放，政府部门内部的数据共享不包含在内。因此，本书选取的政策文本的主体内容或者部分内容必须和政府数据开放有关，且文本中所指的数据开放一定是面向社会和公众的政府数据开放。

(3) 全面性

从政策文本的检索结果来看，大多数省市级政策文件并非是针对政府数据开放的专门性政策文件，其政策主题多与“信息化建设”“互联网+”“大数据发展”等相关，与政府数据开放相关的内容只是这些主题的支撑内容。凡是在政策文本中提及数据开放的内容，都被纳入本书的研究对象；同一个地方政府可能出台多个相关政策文件，且每个官方政策文件对政府数据开放平台建设的规划和指导可能不尽相同。本书在政策选取和资料选取的过程中，基本采纳政府数据开放的相关内容，尽可能多地涉及政府数据开放平台建设的各个方面。

(4)时效性

政府出台政策会有连续性或者动态调整的过程，政策文本的选取应注重其时效性，尽量选择最新的政策文件。本书为了较为全面地体现我国地方政府数据开放的现状及发展过程，同时保障政策文本的时效性，贴近现实情况，选取了 2013 年以来地方政府颁布的政府数据开放相关政策文件。

第三节　地方政府数据开放平台研究设计

一、研究方法

地方政府数据开放的实践主要是建立政府数据开放平台，以数据开放平台为媒介，公开发布政府部门的各类数据。本文在中国知网、Web of Science 等具有高度影响力和全面覆盖性的数据库上检索和搜集有关政府数据开放平台研究的文献，然后仔细研读，了解学者研究政府数据开放平台的角度和方法，找到已有研究中提到的地方政府数据开放平台相关信息，作为本次研究的参考和支撑材料。

同时，研究者通过在 Google、Bing、百度等搜索引擎对诸如"××省政府数据开放平台""××市开放数据"等关键词进行搜索，尽可能全面地找出目前我国各个地方政府建立的政府数据开放平台。依次访问各地方政府数据开放平台，提取与数据资源、数据组织、数据服务等相关的信息，并进行量化整理和分析。另外，不同的数据开放平台往往具有不同的特色和优点，在数据集数量、数据分类方式、用户互动交流等方面存在差异，需要作对比分析，以找出各个地方政府数据开放平台的优缺点，进而为我国地方政府数据开放平台建设提出有针对性的建议。

二、平台分析框架(图 2-2)

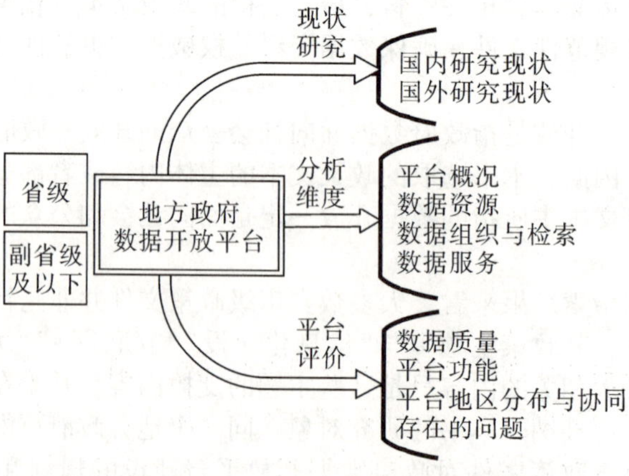

图 2-2　地方政府数据开放平台分析框架

三、数据来源

2019年1月21日至1月28日期间，首先通过搜索引擎检索到目前已建立的各省市级政府数据开放平台，对其进行逐个访问，同时抓取本书所关注的各种平台特征，如数据分类方式、数据格式、数据排列方式等。在搜集信息时，本书力求做到准确、全面、实时。对于某些处于维护期的数据开放平台，本书会定期检查，直到该平台重新开放。而对于没有展示数据集数量、数据量等信息的某些平台，则通过留言板或邮件咨询平台管理者。

本书基本覆盖了所有相关的政府数据开放平台，所涉及的省级政府数据开放平台有8个，分别为：北京市政务数据资源网、上海市政府数据服务网、浙江政务服务网、开放广东、贵州省政府数据开放平台、山东公共数据开放网、江西省政府数据开放网站、开放宁夏。同时，本书关注的相关副省级及以下城市政府数据开放平台有22个，分别为：广州市政府数据统一开放平台、深圳市政府数据开放平台、数据东莞、佛山市数据开放平台、开放惠州、开放江门、珠海市民生数据开放平台、梅州市政府开放数据平台、肇庆市数据开放、中山市政府数据统一开放平台、扬州政务数据服务网、无锡市政府数据服务网、武汉市政务公开数据服务网、荆门市人民政府数据公开、长沙市政府门户网站数据开放平台、宁波市政府数据服务网、贵阳市政府数据开放平台、济南市公共数据开放网、青岛市公共数据开放网、苏州市政府数据开放平台、哈尔滨市政府数据开放平台、湛江市政府数据服务网。

第四节　地方政府数据开放评价

一、地方政府数据开放评价的意义

我国许多地方政府早于中央政府开始进行政府数据开放的探索，根据自身的发展需要、经济和信息化水平等对政府数据开放进行政策规划，建立政府数据开放平台。由于我国尚未出台国家层面的政府数据开放专项政策，也未建立国家层面的政府数据开放统一平台，各地方政府数据开放发展进度不一，发展程度各异，有必要对地方政府数据开放进行科学合理的评价。一方面可以为地方政府优化政府数据开放发展提供参考，另一方面也有利于为国家层面的政府数据开放统一平台建设奠定基础。

第一，政府数据开放政策是数据开放的重要环境基础，政策的制定和出台一定程度上代表了政府对数据开放运动的重视程度和发展规划，对相关政策进行评价有利于研判我国地方政府数据开放政策的科学性和合理性。目前，国内多数数据开放评价都是针对地方政府数据开放平台建设现状的，鲜有学者或机构将数据开放政策纳入政府数据开放评价体系。本书尝试构建地方政府数据开放政策评价指标体系，并用于评价我国地方政府数据开放政策，有利于全面、系统地了解我国各地方政府数据开放政策发展的进度，以及政策发展过程中存在的问题和面临的障碍，在此基础上有针对性地提出我国地方政府数据开放发展的对策建议，促进我国地方政府数据开放政策体系的优化和完善，为我国地方政府数据开放发展营造良好的政策环境。

第二，政府数据开放平台是政府数据开放的重要内容，① 对我国政府数据开放平台的发展现状进行评价，能够帮助判断我国地方政府数据开放的具体实践情况和政策执行效果。目前，上海市、北京市、广东省、武汉市等各级地方政府纷纷建立政府数据开放平台，但各地方政府数据开放平台的建设进度和建设质量有所差异。构建统一的指标体系对各地方政府数据开放平台进行评价，有利于发现我国地方政府数据开放平台建设过程中的局限和不足，促进我国地方政府数据开放平台的建设和完善。

第三，评价和对比各地政府数据开放政策发展和平台建设的情况，有利于了解我国各地方政府数据开放发展水平、发展方式等的差异，为地方政府数据开放政策协同和实践协同、国家层面的政府数据统一开放平台建设提供参考。

二、相关文献综述

1. 有关政策评价的综述

针对政策评价，在知网上检索"政策评价""政策评估"等关键词，最终检索到1132篇相关主题文章，发表时间可追溯至1985年。由此可见，我国对政策评价的研究由来已久，且政策评价主题较为广泛，涉及教育、农业、经济、劳动、福利等各方面。例如，董昕系统梳理了1978—2012年中国农民工住房政策，归纳出五大住房政策典型模式，并对中国现有的农民工住房政策进行了评价；② 霍媛基于社会福利政策的思维框架，对残疾人福利政策的原理及过程展开深刻剖析，并评价了我国残疾人社会福利政策；③ 魏凤针对俄罗斯粮食安全问题及一系列支持农业发展的政策展开评价，探索粮食安全面临的诸多障碍；④ 魏后凯等在对西部大开发

---

① 东方. 国内外政府数据开放平台调查与分析[J]. 现代情报，2017，37(10)：93-98.

② 董昕. 中国农民工的住房政策及评价(1978—2012年)[J]. 经济体制改革，2013(02)：70-74.

③ 霍媛. 我国残疾人社会福利政策评价与展望——基于社会福利政策研究的四维框架[J]. 劳动保障世界，2015(S2)：160-162.

④ 魏凤. 俄罗斯粮食安全现状及其政策评价[J]. 农村经济，2009(08)：115-119.

现有税收政策总结归纳的基础上进行效果评价，提出我国西部大开发税收政策的未来调整方向。① 在评价方法上，学者较多从政策的自身内容、影响因素、作用环境等多维度展开系统评价。陈章旺等基于数量统计方法，针对我国中央和地方出台的众创空间产业政策进行量化分析，从政策连续性、权威性等方面展开评价；② 申宇等从政治、经济、社会、文化四个影响角度分析和评价了我国延迟退休政策存在的问题。③ 总体而言，国内学者关于政策评价的研究较为全面、深入，评价对象的涉及面广泛，且评价方法呈现多元化、系统化趋势。

在政府数据开放政策评价方面，石岱结合了公共政策评价的一般方法，建立了4项二级指标和22项三级指标，运用层次分析法针对我国政府数据开放政策及其实施效果展开了系统评价。④ 目前，我国针对政府数据开放政策进行评价的相关研究明显较少，且尚未形成权威性的政策评价体系，评价方法也存在各种局限，容易导致不同的评估体系、评估方法，最终得到的评估结果大相径庭，有失权威性和公正性。

2. 有关政府数据开放平台评价的文献综述

目前关于政府数据开放平台评价的研究已有很多，我们在中国知网上以“政府数据开放平台评估”“政府数据开放平台评价”为关键词进行了检索。各个学者分别从省级平台、市级平台或社交网站平台等角度对我国已建成的政府数据开放平台进行了评价。

谭必勇等从开放政府数据平台的宏观功能结构出发，对我国十个代表性省、市的开放平台数据质量现状进行研究，最终发现，我国应当从践行开放理念、改善数据体验和夯实平台基础三个方面加强数据开放平台的建设。⑤ 朱玲玲以互联网基金会所发布的开放数据晴雨表为指导，以上海、北京、浙江、广东和贵州为对象，对目前我国政府数据开放平台进行了整体评价，从准备度、执行度和影响力三个维度分析了目前我国相关平台的不足之处。⑥ 梅洪通过国家之间、国家与地方之间的比较找出了目前我国数据开放平台的问题，通过借鉴外国的成熟经验，为我国政府数据开放事业的进一步发展提供了宝贵的建议。⑦ 徐铭从价值共创的角度出发，构建

① 魏后凯，袁晓勐. 我国西部大开发税收政策评价及调整方向[J]. 税务研究，2010(02)：3-8.

② 陈章旺，柯玉珍，孙湘湘. 我国众创空间产业政策评价与改进策略[J]. 科技管理研究，2018，38(06)：18-24.

③ 申宇. 关于我国延迟退休的政策评价和设计[J]. 知识经济，2019(01)：39-40.

④ 石岱. 我国政府开放数据政策评价研究[D]. 黑龙江大学，2016.

⑤ 谭必勇，陈艳. 我国开放政府数据平台数据质量研究——以十省、市为研究对象[J]. 情报杂志，2017，36(11)：99-105.

⑥ 朱玲玲. 基于开放数据晴雨表的我国政府数据开放研究[D]. 安徽大学，2018.

⑦ 梅洪. 政府开放数据平台分析与建设策略[D]. 苏州大学，2017.

了评价政府数据开放平台价值共创能力的指标体系，在平台评价实践上做了新的尝试。①

不难看出，不同学者在对数据开放平台进行评价时，研究对象往往只涉及部分省市，而不能全面考察当前中国各个区域的政府数据开放平台建设情况，其切入角度不同所导致的理论、方法的不同，使得各研究成果间并不能严格地进行横向对比。为了对我国政府数据开放事业有全局的把握，有必要将目前已建成的大部分省市、自治区的平台置于同一标准体系中进行对比和评价。

三、地方政府数据开放评价指标

1. 地方政府数据开放政策评价指标

(1)政策完备性

政策完备性是指政策内容和政策类型的完整程度，是评价政策是否涵盖所有基本要素、要素是否切实可行的重要衡量指标。良好的政策设计需要具备完整的政策内容、健全成熟的配套体系以及可操作性的政策措施，否则政策执行过程中将缺乏顶层设计，难以贯彻落实。政策完备性又可细分为内容完整性、系统配套性和措施可行性三个次级指标。

①内容完整性。

内容完整性是指政策文本具备所有基本要素，没有遗漏政策中的重要部分。政府数据开放政策内容的基本要素包括开放目标、开放计划、开放目录或清单、开放主体、开放平台、开放领域、开放数据要求、数据安全等。开放目标是政府数据开放推进中的具体任务；开放计划是为实现开放目标而制订的阶段性计划；开放目录或清单规定了政府开放数据的标准和界限；开放主体是政府开放数据的来源个体或组织；开放平台是政府开放数据的存储、流通和处理载体；开放领域是政府开放数据的具体范畴；开放数据要求是对政府开放数据的分类、格式等属性的规范标准；数据安全是针对国家和个人信息安全的保护。这些都是政府开放数据政策的基本要素，一旦缺少某一项要素，可能会导致在政府开放数据运动的推进过程中存在问题和瑕疵。

②体系配套性。

体系配套性用以评价某一主题相关政策是否形成层次分明的政策体系，是否有法律法规保障，顶层设计的宏观指导、政策执行的微观指导等各类型的政策法规是否完备，政策体系是否有利于政策的贯彻执行等。体系配套性是衡量政策的权威性、合法性、完备性的重要指标。如果没有成熟的政策体系，就难以调动相关主体

---

① 徐铭. 基于价值共创的政府数据开放平台评估方法研究[D]. 南京大学，2018.

的积极性，责任的分割和分配、资源的提供和共享、具体的实践操作等都难以协调，政策执行最终也会由于各种环境要素的缺失而难以达到其理想效果。如果缺少相关法律法规，则难以保障行动的合法性，也难以进行问责。数据开放政策及其相关配套体系共同构成了地方政府数据开放的政策生态系统。政府数据开放政策配套体系主要包括中央政府和地方政府出台的数据开放宏观政策、指导数据开放具体实践的政策等。

③措施可行性。

措施可行性是衡量政策文本中提出的目标、计划、规范等是否具备实际可操作性的重要指标。明确清晰的政策目标、详细具体的政策计划、客观切实的政策标准规范等是保障政策措施可行的重要前提。只有政策措施具备一定可行性，政策才能得到贯彻和落实。

(2)政策强度

政策强度主要考察政策发布的频率、连贯程度以及政策内容本身的引导力度，是衡量政策是否具备权威性和影响力的重要指标。政策强度较大的政策一般能得到相关政府部门的高度重视，并且同类政策集聚效应明显，发布频率较高，内容篇幅较大，其执行力度也较大。政策强度主要包括政策连续性和政策有效性。

①政策连续性。

政策连续性是指政策发布时间的连贯程度和集中程度。保持政策连续性，即政府部门需要秉持一脉相承的政策理念和治理思维，推进某项政策贯彻深入，保障政策连续、稳定地发展。政府数据开放政策体系的建构需要地方政府部门高度重视，持续出台相关指导方案和定期工作计划，推进透明化和法治化政府建设。

②政策有效性。

政策有效性是衡量政策本身是否具有切实指导作用的重要指标，是影响政策实施效果的关键因素，也反映出政府对该项政策的重视程度。为保障政策具有有效性，需要颁布专门性政策文件，并在政策制定的过程中运用比较醒目和带有着重强调意味的词句，引起政策执行机关的高度关注和重视。此外，还应当提出切实可行的政策规划和明确具体的意见指导，保障政策落到实处。

(3)政策协同性

政策协同性是指政策间和谐、有序的状态，包括政策目标的一致性、政策内容的相关性等。实现政策协同性能够促进同级政府部门内部和不同政府部门之间的相互联系和合作，实现政策体系建构进程中的协商和共识导向。政府开放数据政策协同性是推动建立全国统一数据开放平台和建设国家大数据治理体系的重要基础。政策协同性包括地区内政策协同性和地区间政策协同性。

①地区内政策协同性。

地区内政策协同性是针对同一地方政府部门的政策协同状况而言的。就政府开放数据政策设计来看，同一地方政府部门在其数据开放相关政策文本中提及的开放目标、开放目录或清单、开放计划、开放数据要求等方面是否在指导意见上具有同步性、在说法口径上具有一致性等，是考察部门内政策协同性的重要参照维度。

②地区间政策协同性。

地区间政策协同是针对不同地方政府部门的政策协同状况而言的。在政府开放数据政策设计方面，不同地方政府部门在其数据开放相关政策文本中提及的开放目标、开放目录或清单、开放计划、开放数据要求等方面是否具有较为统一的标准和规范，政策体系建构水平是否具有同步性等，关乎地区间政策协同性的程度。

2. 地方政府数据开放平台评价指标

(1)数据质量

数据质量指的是政府数据开放平台所公开数据的数量与品质，包括可用性、有用性等，数据产生、数据收集、数据分类、数据清洗、数据保存、数据公开等各个环节都影响着数据质量。本书主要从数据集数量、单条数据总量、数据分类方式、数据格式、数据主题和元数据等维度对地方政府数据开放平台的数据质量进行评价。

数据集数量指由数据构成的集合的数量，它往往以特定格式被公开在相关条目中；单条数据总量指所有数据集中包含的单条数据量的总和；数据分类方式是平台管理者在整合数据和对数据进行归类时所采用的方式，它极大地影响了数据查找的效率；数据主题是数据分类方式的一种，数据主题的数量可以反映数据覆盖面的大小；数据格式是指数据开放平台为存储和开放特定信息而采用的对信息的特殊编码方式，良好的结构化的数据格式能够帮助用户很好地识别和处理数据，进而释放数据的价值；元数据用来对数据属性进行描述，能够帮助用户对数据进行判断。

(2)平台功能

政府数据开放平台是政府部门上传和发布数据、用户获取数据的载体。为了方便用户了解和掌握平台使用方式、数据获取方式、数据利用方式等，平台设置了多种功能，提供多种数据服务，包括数据排序、数据获取、数据应用、用户指南、交流互动与咨询等。功能的完善与否也影响着用户对平台和数据的使用意愿。如果平台的功能不完善，可能导致用户难以定位、获取和利用所需数据，平台管理者无法与用户进行互动交流，不能获知用户的需求。

(3)平台发展的协同程度

平台发展的协同程度考察同地区或同层级的政府数据开放平台的差异性和一致性。协同程度越高的地方政府数据开放平台之间，在数据标准、平台功能设置等方面差异越小。地方政府数据开放平台的协同程度会影响我国地方政府数据开放的总体发展水平，也会影响国家层面政府数据开放统一平台的建立。

第三章　省级行政区政府数据开放政策

本章将对中国省级行政区的政府数据开放政策进行统计分析。通过政府门户网站等网络途径，分别以“数据开放”“大数据”“智慧城市”“电子政务”“政务数据”“政府数据”“数据”“互联网+政务服务”“开放”“信息化”“数字”“政务公开”“政务服务”等为检索关键词，收集到30个省级行政区的政府数据开放相关政策。按照我国最早的东、中、西部地区划分方式，即1986年全国人大六届四次会议通过的“七五”计划所规定的，① 被纳入统计的省份覆盖西部地区(重庆市、贵州省、宁夏回族自治区、甘肃省、广西壮族自治区、陕西省、四川省、内蒙古自治区、云南省、青海省、新疆维吾尔自治区)，中部地区(江西省、安徽省、河南省、黑龙江省、山西省、湖北省、湖南省、吉林省)，东部地区(北京市、上海市、浙江省、广东省、山东省、福建省、海南省、河北省、天津市、辽宁省、江苏省)，香港特别行政区、澳门特别行政区、西藏自治区、台湾省等四个省级行政区未收集到相关资料。因此，本章仅以30个省级行政区公开发布的、可获取的141份与政府数据开放有关的政策文本为依据进行比较分析。从整体上看，仅有少数省级行政区出台了政府数据开放的专项政策，大部分省级行政区都是在相关文件中对本地区的政府数据开放工作作简要规范。

第一节　发布时间

时间是分析公共政策的一个普遍且重要的视角，探究政策发布时间有助于深入了解政府对该议题的长短期规划。② 本节以发布时间为基准，对30个省级行政区与政府数据开放有关的政策作比较分析。

---

① 中国网. 中华人民共和国国民经济和社会发展第七个五年计划[EB/OL]. [2017-01-17]. http://www.china.com.cn/guoqing/shisanwu/2017-01/17/content_40119603.htm.

② 堵琴囡. 公共政策制定中的时间研究——以S市“小汽车限购”政策为例[J]. 北京科技大学学报(社会科学版), 2018, 34(03): 92-99.

一、东部地区

统计结果如表3-1所示。由该表可知，东部地区省级行政区2013—2018年共发布52份与政府数据开放有关的政策文件。上海市较早在政策中提及政府数据开放，于2014年发布《关于推进政府信息资源向社会开放利用工作的实施意见》，该文件对政府信息资源的开放属性、开放主体、网站建设、开放年度工作计划、开放领域、数据要求、数据安全等方面进行了说明，能够指导资源编目、资源组织、数据发布等工作的开展。该文件出台时间早，体现了决策者对于政府数据开放动向的密切跟踪和及时落实。紧接着，山东省和辽宁省在2015年也出台了相关政策，对数据开放领域、开放标准、数据质量等方面作了要求。

表3-1 东部地区省级政府数据开放政策发布时间统计

政策数量(份) / 年份 / 省级行政区	2013年	2014年	2015年	2016年	2017年	2018年	共计
上海市	0	1	0	3	4	1	9
浙江省	0	0	0	3	2	1	6
北京市	0	0	0	4	1	0	5
广东省	0	0	0	4	1	0	5
福建省	0	0	0	1	1	2	4
海南省	0	0	0	2	1	1	4
河北省	0	0	0	0	2	2	4
天津市	0	0	0	3	0	1	4
辽宁省	0	0	1	1	0	2	4
江苏省	0	0	0	2	0	2	4
山东省	0	0	1	1	1	0	3
共计	0	1	2	24	13	12	52

进入2016年后，东部地区各省级行政主体对政府数据开放的关注明显增加，出台相关政策的数量大幅增长。除河北省外，其他省市都出台了相关政策，河北省直到2017年才出台了与政府数据开放相关的政策。2016—2018年，上海市、浙江省、福建省、海南省连续三年都出台了相关政策，政策颁布具有一定的连续性和稳

定性。从政策内容上看，政府决策者根据实践情况的变化对政策作了动态调整，有利于实现政策与实践的良性循环。以浙江省为例，在三年间，政府从制定宽泛的公共数据资源开放目录，发展到具体的数据开放目录；从搭建政务服务网，到优化网站数据开放功能；从模糊的部门任务分配，到明晰公共数据和电子政务主管部门的权责。综合来看，浙江颁布的一系列政策都着力服务于现实问题，有针对性地做好保障性和安排性工作。福建省和海南省虽然政策总量不大，但是两地都在数据开放目录清单、开放平台、开放领域等重要方面作出了相应要求，其中海南省的数据开放要求尤为全面。

有些省份在同一年内密集出台相关政策，北京市和广东省在2016年颁布了4份文件，上海市在2017年也颁布了4份文件。这些政策主要是针对“互联网+”、政务公开、大数据和云计算发展、信息化发展、政务信息系统整合共享等主题，对政府数据开放也有所提及。

整体而言，东部省份出台政府数据开放相关政策的高峰年是2016年，之后两年逐步减少。政策总量上，上海市高达9份，远超第二名的浙江省，而最少的山东省只有3份。山东省虽然政策数量少，且未在最近一年更新，但其内容相关度和详细度尚佳。相比之下，上海市的相关政策较为系统和全面，从推进政府信息资源向社会开放利用，到“互联网+”行动、大数据发展、智慧城市建设、“互联网+政务服务”、电子政务、政务数据共享和开放，进而到公共数据和一网通办管理，都有与政府数据开放相关的内容。这充分显示，政策制定者把上海市政府数据开放政策视为政府数字化转型的重要组成部分，使其与其他信息化政策相互联系、相互补充，希望它们共同发挥作用。

二、中部地区

统计结果如表3-2所示。中部地区省级行政区在2013—2018年共颁发了43份与政府数据开放有关的政策文件。较早的是2014年河南省人民政府办公厅颁布的《关于进一步加强政府信息公开工作的意见》，其中提到了政府信息公开指南和公开目录的建立、政府信息公开平台的建设。安徽省、江西省、湖南省在接下来的两年中相继颁布了政府数据开放相关政策。而黑龙江省、山西省、湖北省、吉林省较晚才开始关注政府数据开放。

2016—2018年中部地区省级行政区出台的相关政策明显增多，可见政府数据开放工作已基本在中部地区展开，各个省份的政策稳定性和延续性也保持良好。以江西省为例，从2015年提出加快建设统一的数据资源网，2016年建设省级政府数据统一开放平台，2017年搭建面向社会公众和组织的数据开放平台，到2018年要求建设统一规范、安全可控、集数据管理与数据开放为一体的全省政务数据统一开放平台，该省对平台建设的要求逐渐提高。

陕西省在 2017 年才开始出台相关政策，但是仅在 2017 年就出台了 4 份文件。该省对政府数据开放关注较晚，但政策力度较大。湖北省于 2016 年、2017 年和 2018 年分别出台 3 份、1 份和 4 份文件。其 2016 年颁布的《2016 年全省政务公开和政务服务工作要点》《加快推进"互联网+政务服务"工作》《湖北省大数据发展行动计划(2016—2020 年)》3 份政策文件中，政府数据开放相关内容延续了此前的政府信息公开，在继续完善政府信息公开基本目录的基础上又启动了公共数据资源开放目录的建设；继续强化政府门户网站信息公开第一平台的引领作用，同时建设大数据公共服务平台。其 2018 年的政策文件提出，要实现省、市、县三级联通的电子政务网络，试点地方向乡村延伸，落实范围不断扩大。

表 3-2　中部地区省级政府数据开放政策发布时间统计

政策数量(份)＼年份 省级行政区	2013 年	2014 年	2015 年	2016 年	2017 年	2018 年	共计
河南省	0	1	3	0	2	2	8
湖北省	0	0	0	3	1	4	8
湖南省	0	0	1	3	2	1	7
山西省	0	0	0	0	4	1	5
江西省	0	0	1	1	1	1	4
黑龙江省	0	0	0	2	1	1	4
吉林省	0	0	0	2	1	1	4
安徽省	0	0	1	1	1	0	3
共计	0	1	6	12	13	11	43

整体而言，中部省级行政主体在 2016 年、2017 年、2018 年处于政策出台高峰年份。政策总量上，河南省和湖北省并居首位，安徽省最少。河南省于 2014 年出台《河南省人民政府办公厅关于进一步加强政府信息公开工作的意见》，最先提及政府数据开放相关内容，2015 年加紧出台《推进重点领域政府信息公开工作》《推进云计算大数据开放合作》和《河南省"互联网+"行动实施方案》，基本涵盖数据开放目录或清单、开放计划、开放平台、开放领域等要素，同时展望政府、企业和社会多方共赢的发展局面。河南省近两年又颁布了 4 份文件，对之前的部署进行细化，形成了较为完善的体系。相较而言，安徽省的政策总量和力度都稍显不足，《关于

促进电子政务协调发展的实施意见》《2016年全省政务公开政务服务工作要点》《2017年省政府重点工作及责任分解》3份文件中虽然有与政府数据开放相关的内容，但仅提到全省公共信息资源开放平台或是政务信息资源目录体系和交换体系，在规划的系统性上存在一定欠缺。

三、西部地区

统计结果如表3-3所示。西部地区省级行政主体在2013—2018年共出台46份与政府数据开放有关的政策文件。重庆市较早提及数据开放，其2013年发布的《重庆市大数据行动计划》就对开放数据的主体、内容、格式和访问方式等作出了要求，鼓励企事业主体数据共享开放，提倡“企业、行业协会、科研机构、公共组织等主动采集并开放数据，形成数据的大开放”。2014年各省级行政主体没有与政府数据开放相关的政策出台。2015年贵州省、甘肃省和重庆市各出台了1份相关文件。贵州省发布《推进“互联网+”行动的实施意见》，要求省大数据办以“云上贵州”、数据中心为基础，开放各类政府数据，并制定出台数据开放指导办法和安全开放标准规范，提升数据资源开放利用效率。甘肃省发布的《甘肃省深入推进“互联网+”行动实施方案》提出，由省发展改革委、省工信委、省工商局、省政府金融办等主导，“建立数据分级制度和开放共享制度，建设政府数据开放平台，推进政府和公共信息资源的统一汇聚和集中开放”。另外，该省在其《“互联网+”益民服务行动计划》中，前瞻性地将开放社会民生重点领域政府数据资源列入2021—2025年任务。

2016—2018年大部分西部地区省级行政区开始发力，陆续出台与政府数据开放相关的政策。在政策的连续性和稳定性上，贵州省、甘肃省、广西壮族自治区、四川省、青海省表现出色。四川省在《2017年政务公开工作要点》中要求，部门要在2017年年底建立规范的政府信息主动公开基本目录，明确公开的主体、范围、内容和时限，该省在2018年的文件进一步指出，持续优化完善政务信息资源可共享目录。从青海省2016—2018年的文件内容可见，青海省的政府数据开放工作在持续推进，从研究编制信息资源开放目录清单，到有序推进政府数据对外开放，再到全面推行主动公开基本目录制度、动态更新调整，形成了一个渐次递进、逐步完善的行动方案。

广西壮族自治区和云南省在一年内密集出台相关政策，分别在2016年、2017年发布4份政策，有利于政府数据开放的全方位开展。2016年年初，广西壮族自治区办公厅制定政务数据资源开放年度计划，并明确由自治区发改委负责建设广西政务数据资源开放平台。其2016年年末出台的《促进大数据发展的行动计划》要求“2018年底前建成自治区级政府数据统一共享交换平台和开放平台”。可以说，广西壮族自治区在 2016 年即作出了长远规划，为政府数据开放的起步与发展打下了良好基础，也为下级政府部门相关工作的开展提供了全局性指导。相比之下，云南省虽然也在 2017 年发布 4 份政策，但其并未对政府数据开放的具体实施和管理做出要求和指导，相关的重点放在了政府门户网站、网上政务服务平台的建设上。

表 3-3　西部地区省级政府数据开放政策发布时间统计

政策数量(份) 年份 / 省级行政区	2013 年	2014 年	2015 年	2016 年	2017 年	2018 年	共计
贵州省	0	0	1	2	2	3	8
广西壮族自治区	0	0	0	4	1	2	7
云南省	0	0	0	0	4	1	5
甘肃省	0	0	1	1	1	1	4
四川省	0	0	0	1	1	2	4
内蒙古自治区	0	0	0	0	3	1	4
青海省	0	0	0	1	2	1	4
重庆市	1	0	1	0	1	0	3
陕西省	0	0	0	2	1	0	3
宁夏回族自治区	0	0	0	0	0	2	2
新疆维吾尔自治区	0	0	0	2	0	0	2
共计	1	0	3	13	16	13	46

整体而言，西部地区省级行政主体在 2017 年颁布政策文件数量较多，而在 2014—2018 年期间贵州省颁布政策文件数量最多，新疆维吾尔自治区最少。聚焦到新疆的两份政策上，新疆维吾尔自治区人民政府提出要制订数据开放计划、建设自治区政府数据统一开放平台等，可以体现出地方政府对国务院指导意见的重视和积极落实。

四、总结

2013—2018 年全国省级行政主体(除两个特别行政区、台湾省和西藏自治区外）共颁发了141份与政府数据开放有关的政策文件。其中东部地区政策数量最多，以52份居于地区首位，西部地区数量稍多于中部地区，三个地区的数量相差不大。统计结果如表3-4所示。

表3-4　各地区省级政府数据开放政策发布时间统计

政策数量（份）　年份 地区	2013年	2014年	2015年	2016年	2017年	2018年	共计
东部	0	1	2	24	13	12	52
中部	0	1	6	12	13	11	43
西部	1	0	3	13	16	13	46
全国	1	2	11	49	41	36	141

从政府数据开放进入政策议程的时间来看，西部地区晚于东部地区和中部地区，西部地区中又以重庆市最早关注政府数据开放。从政策议程强度来看，东部地区的政策出台高峰年早于中部和西部。2016年是各地区相关政策数量最多的一年，可能是由于2015年国务院出台《促进大数据发展行动纲要》，明确要求"加快政府数据开放共享""2018年底前建成国家政府数据统一开放平台"，凸显了政府数据开放的重要性，因而地方政府纷纷开始重视政府数据开放。

从整体变化来看，东部地区、西部地区、中部地区和全国的政策总量在2013年至2016年持续上升，对应于政策探索期中，政府数据开放逐步成为地方政府关注的政策议程；2016年至2018年政策总量稍有回落，对应于政策成熟期和后续的调整和完善。三个地区及全国颁布的政府数据开放政策数量，都呈现出大幅增加后缓慢回落的趋势，只在政策文件数量年最大值、政策文件数量高峰年上有一定差异。

第二节　发布机构

政策效力与政府机构级别相关，一般来说，行政级别越高的政府机构部门颁发的政策效力越高，其对行为主体的影响越为深刻。① 2013年以来，全国各省级行

① 闫倩，马海群．我国开放数据政策与数据安全政策的协同探究［J］．图书馆理论与实践，2018（05）：1-6.

政区参与制定和颁发政府数据开放政策的机构不断增加。各个省的省人民政府、省委办公厅、省政府办公厅、省经济和信息化委员会、省发展和改革委员会、省大数据发展领导小组(下文采用简称)等机构部门都独立或联合制定和颁布了政府数据开放相关政策。

一、东部地区

统计结果如表 3-5 所示。东部地区省级行政区的政府数据开放政策多由省人民政府及其办公厅发布。省人民政府作为最高的地方行政机构，把握政府数据开放的方向，制定开放数据原则，对政府数据开放做出要求并提供支持。而省人民政府办公厅是协助省政府领导通知和处理省政府日常工作的机构。围绕数据开放的重点工作，省政府办公厅进一步督导检查省政府各部门和市区县政府对省委、省政府的部署和重要指示的执行情况。作为综合办事机构，省政府办公厅秉承省政府中心指令，对其他部门传达安排任务，有利于政府数据开放的进一步落实。

表 3-5　东部地区省级政府数据开放政策发布机构统计

政策数量(份) 发布机构 / 省级行政区	省政府	省委办	省政办	省经信委	省发改委	其他
北京市	3	1	2	0	0	0
上海市	5	1	3	1	0	0
浙江省	3	0	2	1	1	0
广东省	0	1	5	0	0	0
山东省	0	1	3	0	0	0
福建省	0	0	4	0	0	1
海南省	3	0	1	0	0	0
河北省	0	0	3	0	0	1
天津市	1	0	2	0	1	0
辽宁省	1	0	3	0	0	0
江苏省	1	0	3	0	0	0
共计	17	4	31	2	2	2

相关政策制定和发布的部门有可能不止一个，存在两个及以上的政府主体、机构或职能部门共同发布政策的情况。由于数据开放涉及的部门众多，共同参与有利于形成协同效应和政策合力。《浙江省信息化发展“十三五”规划(“数字浙江2. 0”发展规划)》就是由浙江省发展和改革委员会、浙江省经济和信息化委员会联合发布的，充分调动了各部门资源，发挥其协同作用。推进工业和信息化也是省经济和信息化委员会的职能之一，而省发改委可以在人力、物力、财力上给予其更多的支持。

二、中部地区

统计结果如表3-6所示。中部地区省级行政区的政府数据开放政策基本由省人民政府及其办公厅发布，省经信委和省发改委未参与政府数据开放政策的制定和发布工作，省委办公厅只参与了一项，较为特殊的是黑龙江省机关事务管理局也参与其中。

表3-6 中部地区省级政府数据开放政策发布机构统计

政策数量(份) 发布机构 省级行政区	省政府	省委办	省政办	省经信委	省发改委	其他
江西省	2	0	2	0	0	0
安徽省	1	0	2	0	0	0
河南省	3	0	5	0	0	0
黑龙江省	0	0	3	0	0	1
山西省	2	0	3	0	0	0
湖北省	3	0	5	0	0	0
湖南省	1	1	6	0	0	0
吉林省	1	0	3	0	0	0
共计	13	1	29	0	0	1

三、西部地区

统计结果如表3-7所示。西部地区省级行政区的政府数据开放政策主要由省人民政府及其办公厅发布。较为特殊的是贵州省，除了省政府和省政府办公厅，贵州省大数据发展领导小组在政府数据开放进程中也发挥了重要作用，针对数据开放发布了 2 份相关政策文件，分别是 2017 年的《贵州省数字经济发展规划(2017—2020年)》和 2018 年的《2018 年全省大数据发展工作要点》。

表 3-7 西部地区省级政府数据开放政策发布机构统计

政策数量(份)＼发布机构 省级行政区	省政府	省委办	省政办	省经信委	省发改委	其他
重庆市	2	0	1	0	0	0
贵州省	3	0	3	0	0	2
宁夏回族自治区	0	0	1	0	0	1
甘肃省	2	1	2	0	0	0
广西壮族自治区	4	0	3	0	0	0
陕西省	0	0	3	0	0	0
四川省	1	0	3	0	0	0
内蒙古自治区	2	0	2	0	0	0
云南省	1	0	4	0	0	0
青海省	2	0	2	0	0	0
新疆维吾尔自治区	2	0	0	0	0	0
共计	19	1	24	0	0	3

四、总结

统计结果如表 3-8 所示。东部地区、中部地区、西部地区以及全国的政府数据开放政策，发文机构最多的并不是与信息技术息息相关的省经济和信息化委员会，相关政策更多出自省政府和省政府办公厅。之所以出现这一情况，是因为我国传统的行政管理体制下，省政府和省政府办公厅拥有较高的行政权力和更多的资源，同时也承担着协调统筹的责任。政府数据开放需要政府各部门间的协调与合作，牵涉各个机构部门的责任和利益，需要省政府及其办公厅进行有效的统筹规划，对各部门进行责任分配和利益协调，从而提高政策的可执行度。

表 3-8　各地区省级政府数据开放政策发布机构统计

政策数量(份) 发布机构 地区	省政府	省委办	省政办	省经信委	省发改委	其他
东部	17	4	31	2	2	2
中部	13	1	29	0	0	1
西部	19	1	24	0	0	3
全国	49	6	84	2	2	6

第三节　政策目标

政策目标对于政策执行有着重要的引导作用，明确的政策目标能够为政策效果评估、政策动态调整及政府绩效考核提供参考。① 2013—2018 年，我国省级行政区颁布的与政府数据开放有关的政策中，与政策目标有关的内容有数据开放平台、数据开放主体、数据开放数量、数据审查、数据清理、法律法规、明确时间要求等。由于不同地区信息化发展程度、经济情况、政府数据开放意识等方面的差异，各地区在政府数据开放政策目标上不尽相同。

一、东部地区

统计结果如表 3-9 所示。东部地区省级行政区的政府数据开放目标主要包含数据开放平台建设目标、数据开放规模目标和数据开放时间要求。相较而言，北京市政府数据开放政策目标最为多元，在数据开放平台、数据开放主体和数据开放数量三个方面提出了相应的目标，并且有明确的时间要求。《北京市人民政府办公厅关于贯彻落实〈政府网站发展指引〉的实施意见》要求，“2018 年 6 月底前完成市政府各部门、各单位政府网站的规范整合工作”，“2018 年 12 月底前完成区级及以下政府网站的规范整合工作”。《北京市大数据和云计算发展行动计划(2016—2020 年)》和《北京市“十三五”时期信息化发展规划》两份文件都强调，“到 2020 年公共数据开放主体超过 90%，数据开放率超过 60%”。

① 叶厚元，顾娟. 基于过程控制的公共政策评估理论与方法探索[J]. 中国公共政策评论，2017，13(02)：153-175.

表 3-9 东部地区省级政府数据开放政策目标的基本要素统计

政策数量(份) \ 目标基本要素 \ 省级行政区	数据开放平台	数据开放主体	数据开放数量	数据审查	数据清理	法律法规	明确时间要求
北京市	1	2	1	0	0	0	3
上海市	0	0	2	1	0	0	2
浙江省	2	0	0	0	0	0	3
广东省	3	0	3	0	0	0	3
山东省	1	0	0	0	0	0	0
福建省	0	0	0	0	0	0	0
海南省	0	0	0	0	0	0	1
河北省	1	1	0	0	0	0	1
天津市	1	0	0	0	0	0	1
辽宁省	1	0	0	0	0	0	1
江苏省	1	0	0	0	0	0	1
共计	11	3	6	1	0	0	16

东部地区省级行政区政府数据开放政策目标大多有明确的时间要求，有关政府数据开放平台的目标设置相对较多，表明对数据开放平台的建设十分重视。浙江省提出，“2017 年底前统一数据开放平台实现省市县全覆盖”，“2017 年建成全省政务信息资源目录体系”。广东省提出，“2018 年建成‘开放广东’全省政府数据统一开放平台”。广西壮族自治区提出，“2018 年 6 月底前发展改革委负责建设广西政务数据资源开放平台”。河北省提出，“到 2020 年 60%的省级部门依托政府统一数据开放平台开放数据”。比较特殊的是，《上海市政务数据共享和开放 2017 年度工作计划》中，对拟开放数据资源的注册和审核工作提出了较为具体的可操作目标，有利于政策的落实和政府数据开放质量的提升。

二、中部地区

统计结果如表 3-10 所示。中部地区省级行政区的政府数据开放目标较为单一，集中在数据开放平台建设上。江西省《促进大数据发展实施方案》要求，“2018 年底前建成省级政府数据开放平台”。安徽省《2017 年省政府重点工作及责任分解》提出，“2017 年底前建成面向公众、开放共享的一体化网上政务服务平台”。少量省份平台建设的目标不仅局限于数据开放平台，而且扩展到电子政务领域。如湖南省人民政府办公厅所发布的《关于促进电子政务协调发展与深化应用的实施意见》中提及，预计“到 2020 年全面建成统一规范的电子政务网络”。但是，黑龙江省的 4 份相关政策文件和山西省的 5 份相关政策文件中，数据开放目标的设置过于宽泛，未直接声明数据开放某个方面的目标，对相关部门开展工作的指导和激励作用有限。

表 3-10　中部地区省级政府数据开放政策目标的基本要素统计

政策数量(份)　目标基本要素 省级行政区	数据开放平台	数据开放主体	数据开放数量	数据审查	数据清理	法律法规	明确时间要求
江西省	1	0	0	0	0	0	1
安徽省	1	0	0	0	0	0	1
河南省	2	0	0	0	0	0	1
黑龙江省	0	0	0	0	0	0	0
山西省	0	0	0	0	0	0	0
湖北省	1	0	0	0	0	0	1
湖南省	2	0	0	0	0	0	2
吉林省	1	0	0	0	0	0	1
共计	8	0	0	0	0	0	7

三、西部地区

统计结果如表 3-11 所示。西部地区省级行政区颁布文件中所提及的政府数据开放目标基本只有 1~2 项，但大多有明确的时间要求。《重庆市“十三五”信息化规划》提出，“到 2018 年形成社会公共信息资源共享开放的法规制度和政策保障”。此外，四川省政府在《2018 年全省政务信息系统整合共享工作重点任务》要求“开展政务信息系统自查自纠”。不同于上述地区基于时间节点所设定的目标，甘肃省在政策目标的时间限定上，采用时间段的表述。《甘肃省深入推进“互联网+”行动实施方案》提到，“2021—2025 年开放社会民生重点领域政务数据资源”，这样的目标设定给相关部门更长的缓冲期和更大的发挥空间。相比之下，宁夏回族自治区和新疆维吾尔自治区的政策文件中并没有设定相应的目标，不利于政策的进一步落实。

表 3-11 西部地区省级政府数据开放政策目标的基本要素统计

政策数量(份) 目标基本要素 / 省级行政区	数据开放平台	数据开放主体	数据开放数量	数据审查	数据清理	法律法规	明确时间要求
重庆市	1	0	0	0	0	1	1
贵州省	2	0	4	0	0	0	3
宁夏回族自治区	0	0	0	0	0	0	0
甘肃省	0	0	0	0	0	0	1
广西壮族自治区	3	0	1	0	0	0	4
陕西省	1	0	0	0	0	0	1
四川省	1	0	0	1	0	0	1
内蒙古自治区	1	0	0	0	0	0	3
云南省	1	0	0	0	0	0	1
青海省	1	0	0	0	0	0	2
新疆维吾尔自治区	0	0	0	0	0	0	0
共计	11	0	5	1	0	1	17

四、总结

统计结果如表 3-12 所示。从全国的统计结果来看，东、中、西部地区省级行政区在设定政府数据开放政策目标时，大多会附带明确的时间要求。省级政策目标主要集中在建立政府数据开放平台上，大部分省份都提出要形成省级统一的政府数据共享开放平台。许多省份也对开放的数据数量设置了目标，但只有少数几个政策对数据开放主体、数据审查和相关法律法规设置了目标。对数据开放主体的目标要求有利于扩大数据开放的范围，明确各主体数据开放的责任，防止有些主体基于自身利益考虑不进行或不重视数据开放。而数据审查和数据清理作为数据开放的重要环节，直接影响数据质量和数据利用效果。法律法规则为政府数据开放提供了法律保障，能够为政府数据开放工作的顺利推进保驾护航。这几个要素对于政府数据开放起着重要作用，也是政策执行和评估的重要依据。省级行政区政府数据开放政策为各省政府数据开放工作的开展提供方向指引和实践指导，如果政策中设置了清晰完善的各类目标，那么它的引领性和鞭策性将大大提升，这是后续政策可以完善的方向。

表 3-12　各地区省级政府数据开放政策目标的基本要素统计

政策数量(份)＼目标基本要素＼地区	数据开放平台	数据开放主体	数据开放数量	数据审查	数据清理	法律法规	明确时间要求
西部	11	0	5	1	0	1	17
中部	8	0	0	0	0	0	7
东部	11	3	6	1	0	0	16
共计	30	3	11	2	0	1	40

第四节　政策内容

政策文件反映了政府对待公共事务的真实态度和行为逻辑。有效的政策内容分析结果对于提升政策信息的质量和信息传达的有效性都具有重要意义。① 本节将从政府数据开放目录或清单、开放主体、开放平台、开放计划、开放领域、数据要求和数据安全等多个维度，对已获取的 141 份省级政府数据开放政策进行文本分析。

一、政策内容概况

东部地区省级行政区中，北京市、上海市、浙江省、广东省、河北省、辽宁省、江苏省的政策基本覆盖了所有政府数据开放相关工作要点，包括建立政府数据资源目录或清单、明确数据开放主体、建立政府数据开放平台、制订数据开放计划、规定数据开放领域、提出数据要求（包括数据质量、数据标准等）、保障数据安全。而山东省的相关政策没有数据安全方面的内容，福建省和海南省的相关政策没有明确开放主体，天津市的相关政策则没有提及开放计划。从总量上看，东部各

① 杨金龙，吴震，刘千里．国内外政府政策文件内容分析研究综述——基于 CNKI 及 WoS 核刊数据库［J/OL］．宜宾学院学报，2018（12）：1-8［2019-01-16］．https://doi.org/10.19504/j.cnki.issn1671-5365.20181227.001.

省级行政主体相关政策提及较多的是数据开放平台和数据开放领域，其次是政府数据资源目录或清单、数据开放主体和数据要求，相比之下，数据开放计划和数据安全提及较少。具体见表 3-13。

表 3-13　东部地区省级政府数据开放政策文本内容统计

政策数量(份)＼政策文本主题／省级行政区	目录或清单	开放主体	开放平台	开放计划	开放领域	数据要求	数据安全
北京市	3	2	4	3	4	2	1
上海市	5	5	7	3	7	6	5
浙江省	4	3	4	2	3	2	2
广东省	5	4	4	4	4	5	3
山东省	1	1	3	2	3	2	0
福建省	2	0	4	1	3	1	1
海南省	3	0	3	1	2	2	1
河北省	3	4	3	4	4	3	3
天津市	2	4	4	0	4	3	3
辽宁省	1	4	4	1	4	3	4
江苏省	1	4	4	1	3	1	3
共计	30	31	44	22	41	30	26

中部地区省级行政区中，河南省、湖北省、湖南省、吉林省的政策内容基本覆盖了政府数据开放的工作要点。而江西省、安徽省、黑龙江省、山西省都没有提出明确的数据开放计划。相较于其他方面，各个地区提到数据开放计划的政策数量最少，仅为 7 项。除了数据开放计划的缺失，安徽省的相关政策也没有提及数据开放主体、数据开放领域、数据要求、数据安全等方面的内容，政策完备性居于各地区末位，在政府数据开放的整体部署上还有很大的改进空间。中部地区省级行政主体在相关政策中着重强调了数据开放主体、开放平台、开放领域和数据要求，很多省份没有明确的数据开放计划，这可能会影响数据开放政策的执行进度和实施效果。具体见表 3-14。

表 3-14 中部地区省级政府数据开放政策文本内容统计

政策数量(份) 政策文本主题 / 省级行政区	目录或清单	开放主体	开放平台	开放计划	开放领域	数据要求	数据安全
江西省	1	1	3	0	2	3	2
安徽省	1	0	2	0	0	0	0
河南省	4	8	7	3	8	7	7
黑龙江省	3	4	4	0	3	4	2
山西省	2	5	5	0	5	3	4
湖北省	5	8	8	2	8	8	5
湖南省	3	7	6	1	7	6	4
吉林省	3	4	4	1	2	4	3
共计	22	37	39	7	35	35	27

西部地区省级行政区中，重庆市、贵州省、陕西省、四川省的政策基本覆盖政府数据开放的工作要点。宁夏回族自治区的政策文件中没有数据开放计划和开放领域的相关内容，广西壮族自治区的政策文件中没有明确数据开放主体，内蒙古自治区、云南省、青海省、新疆维吾尔自治区的政策文件中没有数据开放计划。相比之下，甘肃省的政策内容覆盖度最低，仅涉及数据开放平台、开放领域和数据安全，数据资源目录或清单、数据开放主体、数据开放计划和数据要求的相关内容缺失。从总量上看，西部地区省级行政主体更为重视政府数据开放平台和数据安全保障。具体见表 3-15。

表 3-15 西部地区省级政府数据开放政策文本内容统计

政策数量(份) 政策文本主题 / 省级行政区	目录或清单	开放主体	开放平台	开放计划	开放领域	数据要求	数据安全
重庆市	1	2	2	1	1	2	2
贵州省	3	2	5	3	3	6	4
宁夏回族自治区	1	1	2	0	0	2	2

续表

政策数量(份)＼政策文本主题＼省级行政区	目录或清单	开放主体	开放平台	开放计划	开放领域	数据要求	数据安全
甘肃省	0	0	4	0	1	0	1
广西壮族自治区	3	0	3	1	3	3	1
陕西省	1	3	2	2	1	1	2
四川省	2	4	4	3	3	3	2
内蒙古自治区	4	4	4	0	4	2	4
云南省	1	5	5	0	3	2	5
青海省	3	4	4	0	2	1	4
新疆维吾尔自治区	0	2	1	0	1	1	1
共计	19	27	36	10	22	23	28

通过对三个地区省级行政区政府数据开放政策内容的统计发现，提及最多的是建立政府数据开放平台，可见政府数据开放平台的建设是各省政府数据开放工作推进的重要举措。数据开放主体、数据开放领域、数据要求和数据安全也获得了较多关注。相比较而言，各省级行政区对构建数据资源目录或清单、数据开放计划并未给予足够的重视，这是之后进一步推进政府数据开放工作过程中需要注意的。具体见表 3-16。

表 3-16　各地区省级政府数据开放政策文本内容统计

政策数量(份)＼政策文本主题＼地区	目录或清单	开放主体	开放平台	开放计划	开放领域	数据要求	数据安全
西部	19	27	36	19	22	23	28
中部	22	37	39	7	35	35	27
东部	30	31	44	22	41	30	26
全国	71	95	119	48	98	88	81

二、目录或清单

在统计范围内的30个省级行政区中，除了甘肃省和新疆维吾尔自治区，其他各省均在相关政策中提到要制定政府数据开放目录或清单。政府数据开放目录或清单是划分数据开放领域和界定开放主体的重要依据，目录或清单的制定是政府数据开放的基础工作。从数量上看，上海市、广东省和湖北省的相关政策对政府数据开放目录或清单的提及次数最多，为5次；山东省、辽宁省、江苏省、江西省、安徽省、重庆市、宁夏回族自治区、陕西省、云南省提及较少，均为1次；甘肃省和新疆维吾尔自治区则未提及。这表明数据开放目录或清单的制定还未引起我国大多数省级地方政府的重视。具体见图3-1。

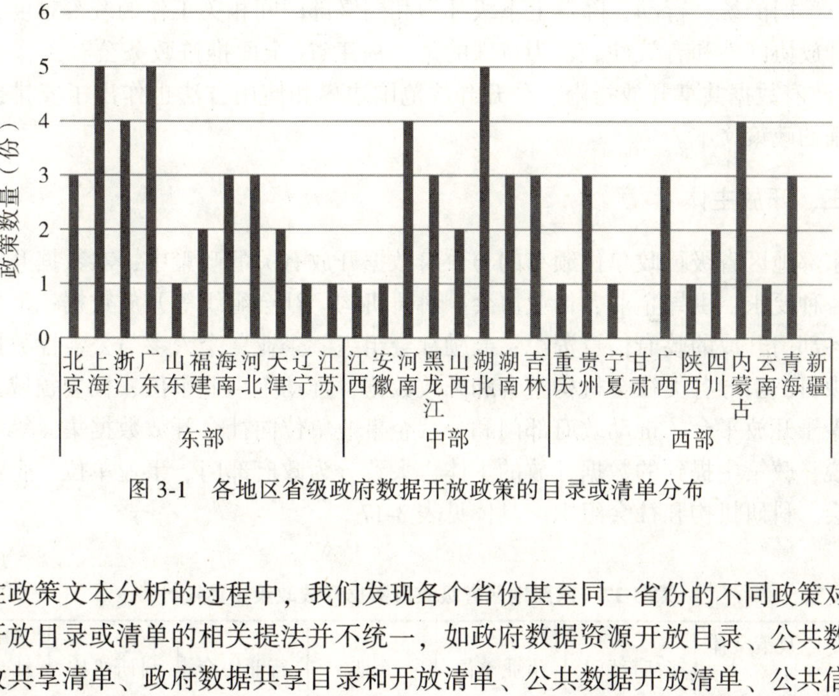

图3-1　各地区省级政府数据开放政策的目录或清单分布

在政策文本分析的过程中，我们发现各个省份甚至同一省份的不同政策对政府数据开放目录或清单的相关提法并不统一，如政府数据资源开放目录、公共数据资源开放共享清单、政府数据共享目录和开放清单、公共数据开放清单、公共信息资源开放目录、政府数据对外开放目录等。与之相关的目录清单还有政府信息主动公开基本目录、政务数据资源目录、公共机构数据资源清单等，这些目录清单与数据资源开放目录或清单混淆不清，容易引起误解。

在政府数据资源开放目录或清单的管理方面，北京市《关于全面推进政务公开工作的实施意见》提出“实行动态清单管理”。《宁夏回族自治区政务数据资源共享开放管理规定（草案）》提出“建立目录更新机制”，并说明“列入政务数据资源共享和开放目录的数据资源不得随意变更”。《海南省促进大数据发展实施方案》提出

"实行公共数据开放负面清单制"。《贵州省政务数据资源管理暂行办法》要求"及时编制、发布和维护本地区、本部门数据目录，政务部门应当编制数据开放负面清单"。有学者认为，以"开放为常态，不开放为例外"为原则制定的负面清单，能够促进政府掌控的数据资源得到最大化利用。①

在清单的具体构成要素方面，上海市《关于推进政府信息资源向社会开放利用工作的实施意见》要求确定数据开放属性，《浙江省公共数据和电子政务管理办法》提到公共数据资源目录主要包括公共数据名称、共享和开放数据、更新频度等内容。四川省《2017年政务公开工作要点》要求明确政府信息公开的主体、范围、内容、方式和时限。虽然有些政策对清单的内容进行了说明，但没有具体的要求，很多政策只是提出要建立政府数据开放目录或清单，但未具体说明如何建立。如果省级相关政策中能对如何制定政府数据开放目录或清单进行详细说明，将有利于指导各政府部门的统一行动，降低上下级部门和同级部门间相关工作的统筹难度，提高数据开放协同性和有效性。较为特殊的是，福建省《全面推进政务公开工作实施意见》对政府数据共享开放指南、公开开放范围边界和使用方法也作出了安排，属于较详细的政策文本。

三、开放主体

东部地区省级行政单位颁布的与政府数据开放有关的政策中，对数据开放主体作了各种要求：引导企业、行业协会、科研机构、社会组织等开放数据；汇聚各区县、各部门开放的政府信息资源；鼓励社会组织、企业、个人参与公益性数据资源开放项目；引导各类社会机构整合和开放数据；推动企事业单位、社会领域公共数据汇聚于开放平台；推动政府部门和公共企事业单位向社会开放数据集，等等。总的来说，政策中提到的数据开放的主体，大致分为政府部门、事业单位、企业、行业协会、科研机构和社会组织。具体见表3-17。

表3-17 东部地区省级政府数据开放政策主体统计

政策文体 / 省级行政区	政府部门	事业单位	企业	行业协会	科研机构	社会组织
北京市	✓	✓	✓	✓	✓	✓
上海市	✓		✓			✓
浙江省	✓	✓				✓

① 江振强，杨鸿. 广东省政府数据开放发展建设探索[J]. 电子产品可靠性与环境试验，2018，36(S1)：200-203.

续表

政策文体 / 省级行政区	政府部门	事业单位	企业	行业协会	科研机构	社会组织
广东省	✓	✓				
山东省	✓	✓				
福建省	✓					
海南省	✓					
河北省	✓					
天津市	✓	✓				
辽宁省	✓	✓				
江苏省	✓	✓	✓	✓	✓	✓
共计	11	7	3	2	2	4

政府部门作为数据开放的主要参与者，不仅在政策中提及率最高，与其相关的指示较其他主体也更为详细。《上海市政务数据资源共享和开放 2017 年度工作计划》提出，"选择有代表性的区研究建立市区两级联动模式，逐步形成上下标准统一、广泛覆盖、集中可控的共享开放渠道"。上海市还将数据开放相关的综合协调和具体管理工作等落实到特定部门，明确相关部门的权责。广东省对政府数据开放主体也有具体的说明，将公共数据资源开放任务分配到省经济和信息化委、省网信办等有关部门，《广东省人民政府办公厅关于运用大数据加强对市场主体服务和监管的实施意见》明确指出"推动省发展改革委、经济和信息化委、国土资源厅、交通运输厅、农业厅、文化厅等首批试点部门开展政务数据开放试点"。《山东省加快推进"互联网+政务服务"工作方案》也提到"省政府办公厅牵头负责总体推进，省经济和信息化委牵头负责数据开放工作"。

中部地区省级行政单位颁布的与政府数据开放有关的政策中，多数要求政府部门和事业单位进行数据开放，只有湖北省和湖南省分别还提出企业、社会组织也要进行数据开放。湖北省《2018 年政务公开和政务服务工作要点》提出"省级教育、生态环境、文化和旅游、医疗卫生健康、住房保障、人力资源和社会保障、社会救助和社会福利、供水供电供气供热、公共交通等主管部门要组织所属公共企事业单位编制公开事项目录"。而《湖南省政务信息资源共享管理办法(试行)》则要求"省各级政府部门及法律法规授权具有行政职能的机构、事业单位和社会组织进行数据开放"。具体见表 3-18。

表 3-18　中部地区省级政府数据开放政策主体统计

政策文体 / 省级行政区	政府部门	事业单位	企业	行业协会	科研机构	社会组织
江西省	✓	✓				
安徽省	✓					
河南省	✓	✓				
黑龙江省	✓	✓				
山西省	✓					
湖北省	✓	✓	✓			
湖南省	✓	✓				✓
吉林省	✓					
共计	8	5	1	0	0	1

西部地区省级行政主体颁布的与政府数据开放有关的政策中，除要求政府部门进行数据开放，也有部分政策要求引导事业单位和企业进行数据开放。重庆市相关政策提及的数据开放主体较为多元，例如《重庆市大数据行动计划》提出引导企业、行业协会、科研机构、公共组织等主动采集并开放数据，形成数据的大开放。

表 3-19　西部地区省级政府数据开放政策主体统计

政策文体 / 省级行政区	政府部门	事业单位	企业	行业协会	科研机构	社会组织
重庆市	✓	✓	✓	✓	✓	✓
贵州省	✓	✓	✓			
宁夏回族自治区	✓					
甘肃省	✓					
广西壮族自治区	✓					
陕西省	✓	✓				
四川省	✓	✓				
内蒙古自治区	✓	✓	✓			
云南省	✓					
青海省	✓					
新疆维吾尔自治区	✓	✓				
共计	11	6	3	1	1	1

全国省级行政单位颁发的与政府数据开放有关的政策中，对开放主体的要求主要集中在政府部门和事业单位，只有少数提到要引导和推进企业、行业协会、科研机构和社会组织进行数据开放。具体见表 3-20。虽然政策对数据开放主体进行了界定，但没有具体指出哪些部门和单位要进行数据开放，机构部门的权责范围与职能边界不清晰，尚未形成良好的数据开放职责体系。①

表 3-20　各地区省级政府数据开放政策主体统计

政策数量(份) \ 政策主体 \ 地区	政府部门	事业单位	企业	行业协会	科研机构	社会组织
西部	11	6	3	1	1	1
中部	8	5	1	0	0	1
东部	11	7	3	2	2	4
全国	30	18	7	3	3	6

总之，我国数据开放尚处在起步阶段，需要拥有海量数据资源的政府部门和事业单位率先尝试，然后进行推广。随着数据集的开放、App 应用的研发，公众将逐渐加深对政府数据开放的认识，不断产生新的数据需求和参与热情。② 因此，相关政策还需要引导社会中的多个主体加入政府数据开放的工作，增强数据开放主体的多元性。

四、开放平台

政府数据开放平台是政府数据开放的重要载体，其功能完整程度直接影响用户的使用体验。③ 从统计结果来看(图 3-2)，30 个省级行政单位相关政策都提及了政府数据开放平台，包括平台的建设和管理、与其他平台的融合等内容。政府数据开放平台的建设得到了各省的普遍重视。在政策统计和分析过程中发现，各个政策对政府数据开放平台的表述并不统一，即使是在同一省份颁布的政策表述也有差异，如公共信息资源开放平台、公共数据统一开放平台、公共数据开放平台、政府数据

① 宋魏巍. 中国政府数据开放协同机制研究[J]. 南京社会科学，2018(02)：63-68，82.

② 王卫，王晶，张梦君. 活动理论视角下政府数据开放模式研究[J/OL]. 情报理论与实践，2019(02)：1-13[2019-03-01]. http://kns.cnki.net/kcms/detail/11.1762.G3.20190218.1414.002.html.

③ 张一青. 中国政府数据开放存在的主要问题和对策研究[D]. 辽宁师范大学，2018.

统一开放平台、政府数据开放平台等。政策中具体到省级数据开放平台名称也各不相同，如上海市政府数据服务网、浙江政务服务网、“开放广东”全省政府数据统一开放平台、云上贵州数据共享开放平台、广西政务数据资源开放平台等。名称各异的政府数据开放平台使人难以根据名称判断各个平台的具体性质，不利于平台间的对接，也容易让公众产生误解，在需要查找数据时无法迅速定位到相应平台。

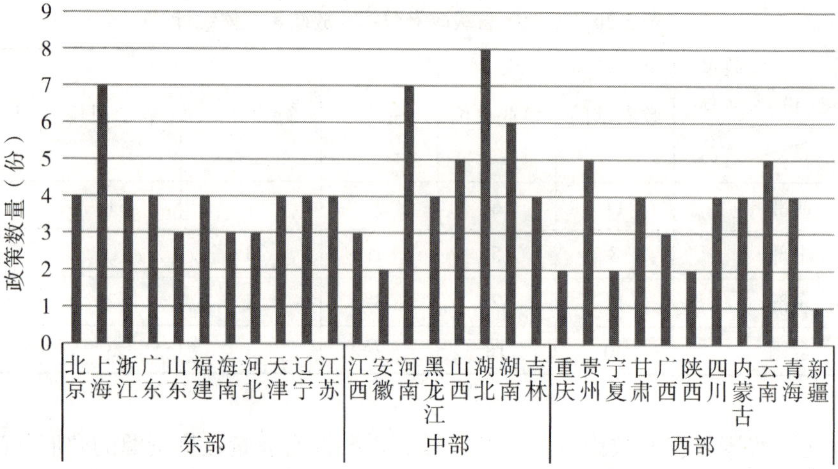

图 3-2　各地区省级政府数据开放政策的平台分布

政府数据开放平台的建设需要与已有的各类数据平台互联互通，以其他数据平台的资源为基础，因而很多政策中提到要融合或依托其他平台来建设数据开放平台。《重庆市深入推进智慧城市建设总体方案(2015—2020 年)》中提出，数据开放平台的形成需要整合重庆市智慧城市时空云平台。《贵州省大数据发展应用促进条例》规定，“通过云上贵州系统平台主动向公民、法人和其他组织开放政务数据”。《甘肃省深入推进“互联网+”行动实施方案》指出，“依托甘肃省电子政务云平台，面向社会各行业及民众公开相关政务数据资源”。河南省的政策则涉及政务云平台、行业云平台与服务型企业云平台互联互通。

政府数据开放平台的开发和运行维护是平台建设的关键，部分省份政策对如何进行平台的开发和运行维护进行了说明。《浙江省促进大数据发展实施计划》指出要“优化浙江政务服务网‘数据开放’功能板块”。广西壮族自治区《推进政务数据资源共享开放和业务协同工作方案》明确要求“数据开放平台提供上传、浏览、查询、下载、统计等服务，并强化数据应用，实现应用汇聚、管理等相关功能”。《海南省促进大数据发展实施方案》则提出，“依托平台向公众提供数据产品查询、数据下载应用接口等服务”。为了统筹全省的数据开放工作，海南省还规定“各级公共机构不得建设独立的数据开放平台，以省级统一的数据开放平台为准”。

五、开放计划

以系统和动态视角进行的政策部署，可以充分保证政府在数据开放中的持续性。① 在统计范围内的30个省级行政区中，只有不到三分之二的省份提出要制订数据开放计划，天津市、江西省、安徽省、黑龙江省、陕西省、宁夏回族自治区、甘肃省、内蒙古自治区、云南省、青海省、新疆维吾尔自治区等11个统计对象未在相关政策中提出数据开放计划。另外，提到数据开放计划的相关政策文件总量也较少，这表明很多地方政府对如何进行数据开放还没有明确的规划。具体见图3-3。制订数据开放计划有利于各级政府部门对本部门的数据开放工作进行总体规划，并根据自身情况逐步推进，还可作为评价其工作绩效的参考。

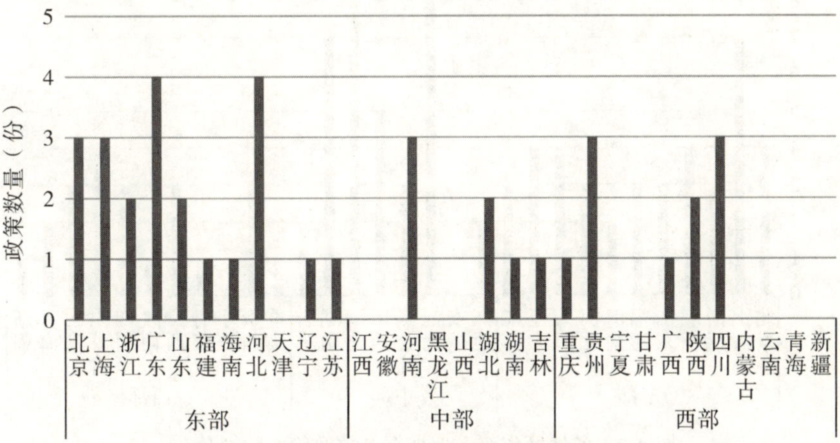

图3-3 各地区省级政府数据开放政策的计划分布

部分省份的数据开放计划以年为单位，比如要求制订政府信息资源开放年度工作计划、数据资源向社会开放年度工作计划、分年度数据开放计划、年度实施计划等，年度计划的制订使政府数据开放的阶段性任务更加明晰和具体，有利于政策的执行。

由于省级政策更多的是提供宏观指导，数据开放相关政策中与数据开放计划有关的内容很宽泛，大部分都只是提到要制订数据开放计划，只有少数省份从不同维度对政府数据开放计划的制订做了具体的说明。北京市《关于全面推进政务公开工作的实施意见》提到“推动公共机构信息资源分级开放”。《广东省人民政府办公厅关于运用大数据加速对市场主体服务和监管的实施意见》要求“编制省首批政务数据

① 马海群，邹纯龙. 政府数据开放程度评价体系研究[J]. 现代情报，2018，38(09)：4-11.

开放应用试点实施方案”。《广东省加快推进“互联网+政务服务”工作方案》也要求“推进省直各部门有计划、有批次地开放各类政府数据资源”。广东省在数据开放计划的政策指导上较为清晰，这在一定程度上减少了政策落地的阻力。《上海市大数据发展实施意见》指出“根据经济社会发展需求，动态调整政务数据资源开放计划”。

六、开放领域

在统计范围内的30个省级行政区中有28个都对政府数据开放领域作了要求，只有安徽省和宁夏回族自治区未提及政府数据开放的领域。具体见图3-4。对数据开放领域作规定的政策较多，其中人口、法人、地理、金融、征信、环境、交通、气象、医疗、科技、教育、卫生等是提及的重点领域。

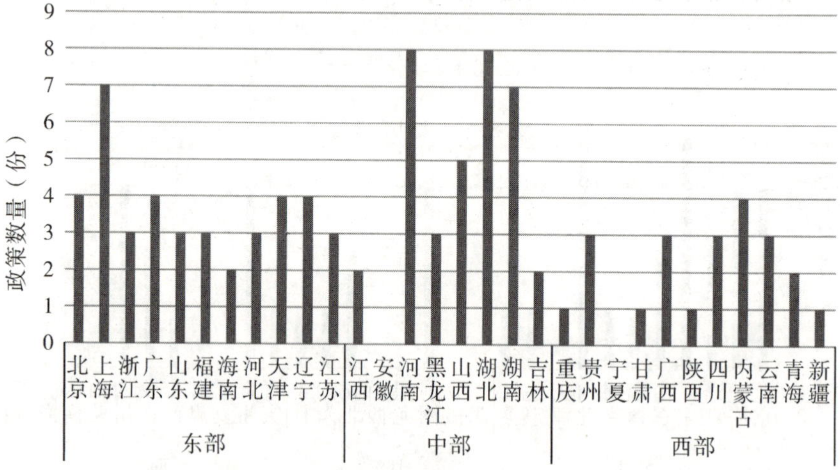

图3-4 各地区省级政府数据开放政策的领域分布

虽然上述重点领域被很多政策提及，但不同省级行政单位的相关政策对数据开放领域的划分差异较大，同一省份的不同政策提到的数据开放领域不一致的情况也比较多。以北京市为例，《关于全面推进政务公开工作的实施意见》提到“优先推进交通、教育、环保、旅游、文化、农业等领域政府数据开放共享”；《北京市大数据和云计算发展行动计划(2016—2020年)》强调“重点推动统计、交通、人口、旅游、规划和国土资源管理、住房城乡建设、医疗、教育、信用信息、农业、商务等领域公共大数据的汇聚融合和共享应用”；《北京市“十三五”时期信息化发展规划》则提到“优先开放信用信息、交通、医疗、地理、文化、养老、教育、环保、旅游、农业、统计、气象等领域的公共数据”。政策内容不一致可能导致政策执行的混乱，影响横向部门和纵向部门间的数据集成和协同发布，阻碍数据开放的进程。相比之下，上海市的《上海市大数据发展实施意见》《上海市推进智慧城市建设“十三五”规划》《本市落实〈国务院关于加快推进“互联网+政务服务”工作的指导意见〉工作方案》在公共数据资源开放领域是一致的，即重点推进经济、环境、教育、就业、交通、安全、文化、卫生、市场监管等领域，确保不同政策文件数据开放领域的一致性，有利于相应部门明确自身责任，加强数据统筹和部门合作，降低协调难度。

部分政策还对数据开放领域的选取标准作出了说明，更具指导性。江西省《关于加快推进“互联网+”行动的实施方案》指出，“按照重要性和敏感程度分级分类，先行开放与改善公共服务和支撑经济发展密切相关的数据资源，并逐步扩大开放范围数量”。

从数量上看，河南省和湖北省的相关政策对政府数据开放领域提及次数最多。河南省以建设基础信息资源库为基础，推进民生服务领域率先开放。湖北省政策中的数据开放领域覆盖面非常广，因而也强调汇聚整合国家、省、市共享数据，汇集发改委、公安、人社、民政、教育、工商、住建、税务等部门热点数据。

七、数据要求

政府开放数据的数量、质量和格式等，影响数据的利用效果和其创造的公共价值。① 在统计范围内的30个省级行政区中，只有安徽省和甘肃省未在政策中对开放数据要求作说明。整体而言，湖北省的政府数据开放政策提及数据要求次数最多，但没有对其要求进行确切的说明，不具有代表性。各省市提出的要求各有侧重，但都或多或少地有要求模糊、不完备等缺陷。具体见图3-5。

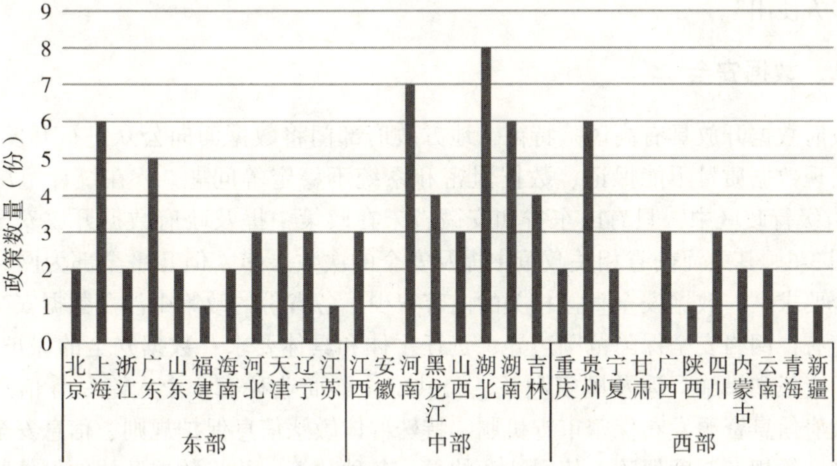

图3-5　各地区省级政府数据开放政策的数据要求统计分布

① 胡海波，高鹏. 面向用户服务的政府开放数据：一个概念性阐释框架[J]. 情报理论与实践，2018，41(06)：45-51.

上海市从开放范围、数据质量、可用性、及时性等角度对数据管理提出了要求，旨在保障政府数据资源开放标准统一、公开及时、安全可靠。其中，《上海市政务数据资源共享和开放2017年度工作计划》强调了数据开放范围、开放方式，数据标准及责权分工，数据的规范性、完整性、及时性等数据要求。浙江省要求规范数据开放的目录、格式、标准和程序，丰富专题内容和数据接口。广东省、辽宁省要求原始、可机读、可供社会再利用的数据向社会开放。贵州省要求政务部门明确数据的元数据、来源业务、类别、共享和开放属性、级别、使用要求、更新周期等，提升数据质量及实用价值。山东省对数据共享开放的方式、内容、对象进行了规范。广西壮族自治区从开放范围、数据质量、可用性、及时性等角度评定政府数据开放程度。河南省要求明确政务信息资源的类型、责任方、格式、属性、更新时限、共享类型、共享方式、使用要求等。湖南省则在数据开放的内容、时限、方式等方面作了进一步明确的要求。

重庆市提出实行共享开放数据的全生命周期管理。河北省要求遵循"一数一源、多源校核、动态更新"原则。贵州省还提出对开放数据进行动态更新管理。宁夏回族自治区在动态更新上作出了更详细的指导，原则上要在数据产生或者变更后15个工作日内进行更新。福建省省直各部门则按照"领域、行业、部门、主题、服务"等多维度的数据主题分类整理拟开放的政务数据集。广西壮族自治区在政策文件中要求进行政府数据开放度评价体系研究，同时探索第三方评估手段。黑龙江省政策文件中的标准化管理要求数据做到"编码唯一、标准唯一、同步更新、同源公开、多方使用"。

八、数据安全

政府数据开放具有高风险特征，地方政府部门将数据面向公众进行开发利用，可能出现数据质量不能保证、数据泄密和系统不稳定等问题。① 在统计范围内的30个省级行政区中，只有山东省和安徽省未在政策中提及政府数据开放安全。具体见图3-6。其中河南省相关政策中提及安全的次数最多，但几乎全部为网络和信息安全要求，与数据安全直接相关的内容很少。各省份的政策中涉及数据安全的关键内容有：网络安全保障范围边界、责任主体和具体要求；数据安全的保护范围、主体、责任和措施；涉及国家利益、公共安全、商业秘密、个人隐私等信息的保护；政府信息资源发布保密审查机制、特殊群体敏感信息保护规则、信息安全等级保护制度等规章制度保障。值得注意的是，各种政策往往将数据开放的例外归入数据安全和隐私范畴，而国家安全、公共利益和个人隐私等标准在实际情况中缺乏可

① 吴金鹏，韩啸. 制度环境、府际竞争与开放政府数据政策扩散研究[J]. 现代情报，2019，39(03)：77-85.

操作性，为部门拒绝开放数据提供了理由。①

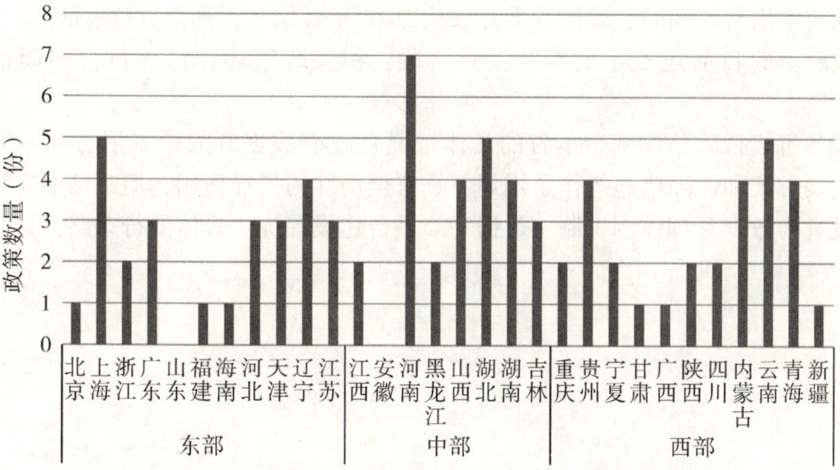

图 3-6　各地区省级政府数据开放政策的数据安全统计分布

虽然各个省份采取的数据安全保障措施不尽相同，但基本是从技术和制度两方面考虑的。上海市认为“要开展政务数据资源开放风险评估，对大规模、持续利用数据服务的开发机构和个人实行网络实名注册登记管理”。重庆市要求“推进数据加解密、脱密、备份与恢复、审计、销毁、完整性验证等数据安全技术研究及应用”。广东省提出“推动制定数据公开、数据安全利用、数据资产保护和个人隐私保护的地方性法规”。甘肃省着眼于政府网站安全保障，要求“做好防攻击、防篡改、防病毒等工作”。陕西省致力于“建立安全防范、监测、通报、响应和处置机制”。天津市从信息安全基础设施群、信息安全监督制度、应用支撑平台三方面着力，维护数据安全。

本章小结

本章对 30 个省级行政单位出台的与政府数据开放相关的政策文件进行了文本分析，从政策发布时间、发布机构、政策目标和政策内容四个方面对收集到的 141 份文件进行了整理，得出以下结论：

①政府数据开放相关政策未成体系，呈碎片化状态。由于没有国家层面专门针

① 易涛. “最多跑一次”改革背景下档案数据壁垒的生成与消解［J］. 浙江档案，2018（12）：14-17.

对政府数据开放的政策和法律法规出台，省级行政单位与政府数据开放相关的政策散落在大数据、互联网+、政务信息资源开放共享、信息化发展等其他专项政策中。从政策出台时间看，政府数据开放从2016年开始才得到地方政府的广泛关注，地方政府对此目前还处于实践和摸索阶段，相关政策还在试点执行和调整适应当中。

②各省级行政单位基于本省的具体情况对政府数据开放的发展方向、发展重点、发展方式和保障措施等作了规划，具有全局性的指导作用，但政策内容较为宽泛，没有为数据管理体制机制、数据开放平台建设等提供具体的行动路径。

第四章　副省级及以下城市政府数据开放政策

政策是政府数据开放生态系统中的关键要素。① 在推进中国政府数据开放政策体系建构的进程中，地方政府层面率先展开主动探索和积极响应。2013 年 9 月 12 日，江苏省扬州市人民政府印发的《扬州市信息化管理办法》中指出，各级行政机关应当在政务网站、政府官方微博等公开平台上及时、准确地公布与社会公众相关的各类政务信息资源，重点推进教育、科技、环保、交通、卫生、人口等领域的信息公开和共享；广东省东莞市政府办公室从 2014 年开始，每年度颁布“全市政务信息公开工作重点”以加强政务信息资源主动公开，努力打造“阳光型政府”，“切实保障人民群众的知情权、参与权、表达权和监督权”。此外，珠海市、湛江市、长沙市、武汉市等副省级及以下城市政府也都较早展开了地方政府数据开放政策体系的探索和设计。

本章将以中国副省级及以下城市政府数据开放政策为研究对象，围绕各市政策发布时间、政策发布机构和政策发布内容三个维度展开统计分析，阐述各市政府数据开放政策体系构建的基本进程、基础框架和大致内容，了解地方政府数据开放政策顶层设计的现状和问题。本部分选取扬州市、无锡市、武汉市、荆门市、长沙市、广州市、深圳市、东莞市、佛山市、惠州市、江门市、梅州市、肇庆市、中山市、珠海市、湛江市、宁波市、贵阳市、济南市、青岛市、苏州市和哈尔滨市这 22 个具有代表性的副省级及以下城市为样本，通过各地市政府官方网站的信息公开栏目查询市政府、市政府办公厅、市发展和改革委员会、市工业和信息化委员会等政府部门发布的官方政策文件和部门规章，以“数据开放”“数据共享”“大数据”“智慧城市”“政务公开”“信息公开”“信息化”“互联网+”等为关键词，筛选出 2013 年以来与地方政府数据开放有一定关联的政策文件，最终收集到来自 22 个副省级及以下城市的共 88 份地方政府数据开放相关政策文件。本章统计数据的截止时间为 2019 年 1 月 10 日。从整体上看，各地市政府均有发布与数据开放相关的政策文件，部分城市更是每年度都有发布与数据开放相关的政务公开工作要点和开放计

① 温芳芳，常大伟，季一欣. 国内开放政府数据政策研究述评[J]. 图书情报工作，2018，62(18)：140-148.

划，表明数据开放在地方政府层面已经得到了高度重视，制订数据开放计划和建设数据开放平台已进入地方政府议程设置的范围。

第一节　发布时间

时间因素是衡量和分析公共政策的一个重要指标，通过公共政策颁布的时间分布能够客观、准确地了解公共政策的基本推进过程和未来发展趋势。本节对22个副省级及以下城市政府出台的政府数据开放政策的发布时间进行了统计(如表4-1所示)，结合政策文本内容，将推进中国副省级及以下城市政府数据开放政策体系的设计和建构过程大致分为三个阶段：第一阶段(2013年至2015年8月)是初步探索阶段，部分地市级政府尝试出台信息化管理办法、政务公开工作计划等与政府数据开放相关的具体方案；第二阶段(2015年9月至2016年)是中期发展阶段，以沿海较发达城市和中部省会城市为主体的多个城市政府颁布了“互联网+政务公开”“大数据发展计划”“信息公开办法”等相关政策文件，多处提及政府数据开放、政务资源共享和公共信息公开等相关主题；第三阶段(2017年至今)是高速推进阶段，地方政府数据开放政策的发布进入高峰期，呈现“遍地开花”的局面，除了大量沿海地区城市和中部省会城市颁布若干数据开放政策外，苏州、无锡、宁波等地政府受到大数据浪潮的影响，相继出台数据开放政策文件，旨在制订本地方政府数据开放计划和建设本地方政府数据开放平台，强化政务信息资源公开共享，打造透明政府。

表4-1　副省级及以下城市政府数据开放政策发布时间统计

政策数量(份) 年份 城市	2013年	2014年	2015年	2016年	2017年	2018年
扬州市	1	1	1	0	1	0
无锡市	0	0	1	1	1	0
武汉市	0	1	0	0	0	1
荆门市	0	1	0	1	0	1
长沙市	0	1	0	0	0	1
广州市	0	1	0	0	2	2
深圳市	0	0	0	2	0	0
东莞市	0	1	1	4	1	1

续表

政策数量(份)＼年份 城市	2013 年	2014 年	2015 年	2016 年	2017 年	2018 年
佛山市	0	0	1	0	0	1
惠州市	0	1	1	3	0	2
江门市	0	0	2	1	0	0
梅州市	0	1	1	2	2	2
肇庆市	0	0	0	1	1	3
中山市	0	0	0	2	2	0
珠海市	0	2	0	1	0	1
湛江市	1	1	1	0	1	0
宁波市	0	0	0	0	1	1
贵阳市	0	0	1	2	3	2
济南市	0	0	0	1	2	1
青岛市	0	0	0	0	1	3
苏州市	0	0	0	1	1	1
哈尔滨市	0	0	0	1	0	0
共计	2	11	10	23	19	23

一、初步探索阶段(2013 年至 2015 年 8 月)

初步探索阶段，扬州市、武汉市、荆门市、长沙市、广州市、东莞市、惠州市、梅州市、珠海市、湛江市等地政府发布了“信息化管理办法”“政务公开实施意见”“大数据发展行动计划”“信息公开指南”等政策指导意见和行动计划，简要提及关于数据开放主体、开放领域、政务公开网站、数据安全管理等与政府数据开放相关的内容。

2013 年，扬州市和湛江市率先尝试制定并出台政府数据开放相关政策文件。2013 年 9 月 12 日，扬州市人民政府颁布《扬州市信息化管理办法》，提出“建设并完善政务公开网站，及时、准确发布教育、科技、人文、卫生、环保等与社会公众相关的政务信息资源”；次年 9 月 9 日，扬州市人民政府再度颁布《深化政务公开的实施意见》，要求“深化行政权力网上公开透明运行，按照国家统一的信息公开目录要求，促进信息公开目录内容的标准化和规范化建设，有效提升政府公信力”。湛江市人民政府办公室在 2013 年、2014 年、2015 年连续三年发布《湛江市政务公开工作要点》，明确规定每一年度政务信息公开的具体工作计划和目标，不断整合并完善现有公开平台和公开网络，切实提升政府信息公开实效，树立良好政府形象。

2014 年，武汉市、长沙市、广州市、珠海市、东莞市、惠州市、湛江市等广东较为发达地区和中部省会城市纷纷发布政府数据开放相关政策。其中，珠海市人民政府办公室于 2014 年相继出台《2014 年全市政府信息公开工作要点》和《珠海市政府信息公开办法》，强调积极开展政府信息公开目录和指南编制工作，着力推进政府门户网站和信息公开平台建设，并指出教育、文化和旅游、卫生保健、住房保障、社会救助、社会福利、生态环境等重点信息公开领域。

2015 年 4 月 21 日，佛山市政府发布《佛山市政府信息公开目录系统建设规范》，提出要建立以主题分类和体裁分类为基本分类方式的信息公开目录分类体系，主动公开“金融、环保、科技、教育、卫生、体育、市场监管、城乡建设等重点信息领域”。但政策文本中并没有对开放主体、开放计划、开放平台等作出明确规定。

总体来看，该阶段尚未构建起地方政府数据开放政策的顶层设计体系，探索政府数据开放政策设计的主要城市集中在广东较发达地区和中部部分省会城市，各地市级政府发布的数据开放相关政策文件尚着眼于短期的计划和指导，缺乏长期目标和总体规划；政策主题聚焦于“大数据”、“互联网+”、政务公开、信息化建设等，与政府数据开放高度相关的政策关键词提及频率较低，涉及信息内容较少。

二、中期发展阶段(2015 年 9 月至 2016 年)

2015 年 8 月 31 日，国务院发布《关于印发促进大数据发展行动纲要的通知》，提出将形成公共数据资源合理开放共享的法规制度和政策体系，作为推动我国大数据发展和应用在未来 5~10 年内的目标。纲要中明确提出“2018 年底前，建成国家政府数据统一开放平台。2020 年底前，逐步实现信用、交通、医疗、卫生、就业、社保、地理、文化、教育、科技、资源、农业、环境、安监、金融、质量、统计、气象、海洋、企业登记监管等民生保障服务相关领域的政府数据集向社会开放”。随着此项战略性政策的出台，① 我国地方政府数据开放共享的顶层设计被正式纳入重要政策议程。地方政府数据开放政策体系建设进入快速发展时期。自 2015 年 9 月至 2016 年，22 个地方市级政府相继颁布约 30 份与数据开放有关的政策文件，新增无锡市、深圳市、江门市、肇庆市、中山市、济南市、哈尔滨市等 7 个城市。

① 王本刚，马海群. 开放政府数据的政策比较研究[J]. 情报资料工作，2017(06)：33-40.

自国务院发布《关于印发促进大数据发展行动纲要的通知》之后，2015 年下半年，无锡市、江门市、东莞市、惠州市、梅州市等地纷纷出台“互联网+”相关行动计划，提出要大力推进政务信息资源共享和数据开放，完善政务云平台建设，实现政务信息资源协同。如扬州市 2015 年 12 月 14 日颁布《关于加快推进“互联网+”行动的实施意见》，无锡市 2015 年 11 月 16 日颁布《关于加快推进“互联网+”行动的实施意见》，惠州市 2015 年 11 月 11 日颁布《惠州市公共信用信息管理办法》，江门市 2015 年 12 月 31 日颁布《江门市“互联网+”行动计划(2015—2020 年)》等，其中《江门市“互联网+”行动计划(2015—2020 年)》积极响应国务院的政策号召，明确提出“2017 年底，建成政府数据统一开放平台，实现公共数据资源合理适度向社会开放”。但多数地方城市出台的政府数据开放相关政策并未提出明确具体的阶段性规划和要求，政府数据开放政策设定的目标比较模糊，缺乏计划性和针对性，不利于有序、稳步推进政府数据开放。

2016 年，惠州市、东莞市、中山市、梅州市、肇庆市、珠海市、武汉市等 13 个市级政府纷纷颁布政府数据开放相关政策文件，新增苏州市、哈尔滨市和济南市。地方政府数据开放政策体系的构建以内陆省会城市为龙头，充分发挥带头示范作用，逐步深入我国内陆较为发达的城市周边地区。东莞市在 2016 年连续发布《东莞市大数据发展实施方案》《东莞市推进“互联网+”行动实施方案》《东莞市信息化建设“十三五”规划》和《2016 年全市政务信息公开工作重点》4 份政策文件，从政策目标、开放目录或清单、开放主体、开放领域、开放计划、数据要求和数据安全等方面提出推进政府数据开放进程的总体规划、阶段性计划和具体政务公开工作要点。惠州市政府在 2016 年连续发布《惠州市推进“互联网+政务服务”改革工作实施方案》《惠州市信息化发展“十三五”规划(2016—2020 年)》《惠州市促进大数据发展实施方案(2016—2020 年)》3 份政策文件。此外，梅州市和中山市等地市级政府也颁布了多个数据开放相关政策文件，提出政务信息资源公开的总体要求和具体目标，稳步加大政务公开力度，全面提升政务公开水平。

总体来看，这一阶段副省级及以下城市政府数据开放政策体系得到进一步发展，初步建立起数据开放政策的体系框架。发布政策的市级政府从南部沿海发达地区和中部省会城市，逐渐向周边区域拓展和延伸；同时，为了积极响应中央政府关于发展大数据的行动计划和具体政策要求，大部分市级政府出台政策中都按照时间序列明确提出阶段性目标和政务工作指标，为地方政府数据开放的整体推进提供了明晰具体的参考基准。

三、高速推进阶段(2017 年至今)

2017 年以来，副省级及以下城市政府数据开放政策体系的设计和建构进入高潮阶段，不仅有更多内陆地区的城市加入政府数据开放政策的探索和实践，各地出台的政策文件也更具计划性、科学性和指导性。

在全国范围内，广东省地区明显位于政府数据开放政策设计的前列：广州市政府在两年间出台《广州市信息化发展第十三个五年发展规划(2016—2020 年)》《促进大数据发展的实施意见》《广州市 2018 年政务公开工作要点分工方案》和《关于加快工业和信息化产业发展的扶持意见》4 份文件；惠州市政府 2018 年颁布《关于进一步加强政务公开工作的通知》和《惠州市政府系统政务公开动态扩展规程》2 份政策文件；梅州市政府从 2017 年开始每年制定并发布《梅州市贯彻落实省政府办公厅政务公开工作要点分工方案》，并连续发布《梅州市加快推进"互联网+政务服务"实施方案》《推动梅州市大数据发展的实施方案》；肇庆市与梅州市的数据开放政策具有一致性和同步性，从 2017 年开始制定并出台《肇庆市贯彻落实省政府办公厅政务公开工作要点分工方案》，并相继发布《肇庆市大数据发展规划(2017—2020 年)》《肇庆市公共信用信息管理办法》。此外，贵阳市表现也较为突出，除了连续两年出台《贵阳市政务公开工作要点》外，还发布了《贵阳市政府数据共享开放条例》《贵阳市"十三五""互联网+"行动计划》和《贵阳市政府数据共享开放实施办法》。

2017 年新增宁波市和青岛市。宁波市政府在 2017 年 7 月 21 日发布《关于全面推进政务公开工作的意见》，并于 2018 年 7 月 17 日发布《关于印发 2018 年宁波市政务公开工作要点及责任分工的通知》，制定政务资源开放和公共信息共享的具体工作方案和阶段性指导计划。青岛市在两年内相继出台《关于印发 2018 年"互联网+政务服务"工作要点的通知》《关于促进大数据发展的实施意见》以及《关于印发青岛市政务信息系统整合共享实施方案的通知》，要求按照"先共享，后提高"的原则，制定并完善政务数据资源开放目录或清单，力争在 2018 年年底基本完成政务信息系统整合工作，"初步形成资源公开共享、业务协同推进、工作有序开展的'大平台、大数据、大系统'数据发展格局"。

总体来看，2017 年和 2018 年是我国政府数据开放政策体系建构成果颇丰的时期，大部分市级政府均有出台数据开放相关的政策文件，广州市、梅州市、贵阳市和济南市等地更是出台多项数据开放行动指南和规划纲要文件，大力推进透明化和法治化政府建设，促进政务信息资源开放共享。这一阶段，地方政府数据开放政策的体系已经基本建立，相关配套基础设施和政策内容正在逐步完善。

四、总结

从副省级及以下城市政府数据开放政策的颁布时间分布来看，地方政府的数据开放政策发展呈现出明显的扩散特性。① 以 2015 年 8 月 31 日国务院《关于印发促进大数据发展行动纲要的通知》发布为界限，2013 年至 2015 年 8 月，市级政府数

① 刘成. 省级政府数据开放共享政策动态扩散分析[J]. 电子政务，2018(09)：37-46.

据开放政策体系建构处于初步探索时期，只有少数南部沿海较发达地区和中部部分省会城市开始制定和发布数据开放相关政策；2015 年 9 月至 2016 年，以广东较发达地区和中部省会城市为核心，政府数据开放政策制定和发布向周围地区辐射和扩散，同时政府数据开放政策文本内容也更具导向性和规划性；2017 年以来，各地市级政府数据开放政策发展进程明显加快，大多数地方政府都相继制定并颁布与数据开放和信息共享相关的政策文件，政策文本内容也在持续改进和完善。具体见图 4-1。目前，副省级及以下城市政府数据开放政策体系的发展已初见成效，但仍存在地区信息化发展水平不平衡、信息基础硬件不完备等问题，成为开放政府数据大格局的重要阻碍。①

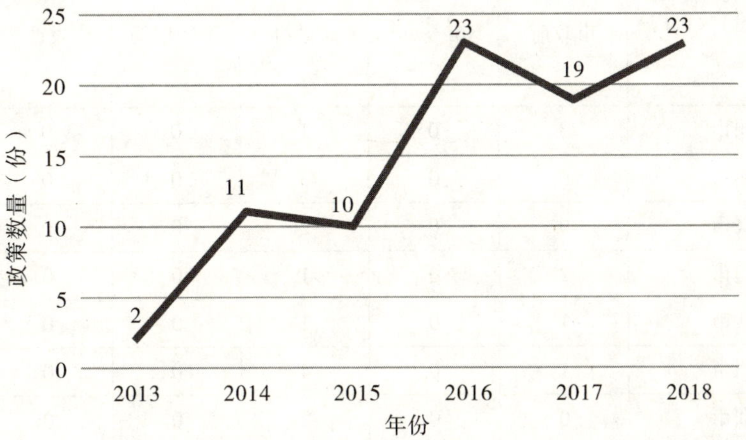

图 4-1 副省级及以下城市政府数据开放政策的时间分布

第二节 发布机构

发布机构是公共政策的重要运载体，其赋予了公共政策相应的行政效力等级和权力运行层级，在一定程度上表明了政策执行对象和政策实施范围。我国政府数据开放的管理机构体系是随我国行政体制而设计的。② 从 22 个副省级及以下城市政府数据开放相关政策文件的发布机构统计结果(如图 4-2 所示)来看，市政府和市政府办公厅(室)是相关政策的主要发布机构，少数市级政府数据开放政策的发布主

① 孙艳艳，吕志坚. 中国开放政府数据发展策略浅析[J]. 电子政务，2015(05)：18-24.

② 中国行政管理学会课题组，鲍静，贾凌民，张勇进，黄璜. 我国政府数据开放顶层设计研究[J]. 中国行政管理，2016(11)：6-12.

体还包括市委办公室、市经济和信息化局、市发展和改革委员会等。2018 年 7 月 23 日，肇庆市经济和信息化局发布《肇庆市大数据发展规划(2017—2020 年)》，指出以政府、企业、行业协会、社会公众为开放主体对象，明确要求在民政服务等重点领域开放公开信息数据集。不同的政策发布机构代表数据开放政策不同的权力运行层级、政策内容范畴、政策实施范围等，对政策执行和运作的效果具有较大影响。本节将以市政府和市政府办公厅(室)为重点分析对象，探讨地方政府数据开放政策发布机构的相关情况。见表 4-2。

表 4-2 副省级及以下城市政府数据开放政策发布机构统计

城市 \ 政策数量(份) \ 发布机构	市政府	市委办	市政办	市经信局	市发改委	其他
扬州市	3	0	1	0	0	0
无锡市	0	0	3	0	0	0
武汉市	0	0	2	0	0	0
荆门市	2	0	1	0	0	0
长沙市	1	0	1	0	0	0
广州市	1	0	4	0	0	0
深圳市	0	0	2	0	0	0
东莞市	0	0	8	0	0	0
佛山市	1	0	1	0	0	0
惠州市	1	0	6	0	0	0
江门市	1	0	2	0	0	0
梅州市	1	0	7	0	0	0
肇庆市	1	0	3	1	0	0
中山市	0	0	4	0	0	0
珠海市	4	0	0	0	0	0
湛江市	0	0	4	0	0	0
宁波市	2	0	0	0	0	0
贵阳市	5	0	3	0	0	0
济南市	4	0	0	0	0	0

续表

政策数量(份) \ 发布机构 \ 城市	市政府	市委办	市政办	市经信局	市发改委	其他
青岛市	4	0	0	0	0	0
苏州市	3	0	0	0	0	0
哈尔滨市	1	0	0	0	0	0
共计	35	0	52	1	0	0

一、市政府

市政府是市权力机关的执行机关，负责制定和发布本区域内的行政命令、行政法规、行政司法、行政裁决等，是地方公共行政权力的象征、承载体和实际行为体。① 市政府发布政策文件的目标对象一般是政府以外特定的其他单位或个人，面向特定范围的社会公众，其发布的政策文件一般具有总体规划和全局指导的作用。

从统计结果来看，大多数副省级及以下城市政府数据开放政策的顶层设计均由市政府来进行，面向各政府组成部门，权力层级较高，覆盖范围较广，政策力度较大。政策文件多与"信息化管理办法""'互联网+'行动计划""信息公开实施办法""信息化建设规划""数据共享开放实施条例""大数据发展实施意见"等主题相关。其中，扬州市、珠海市、贵阳市、济南市、青岛市等地市级政府出台多项政府数据开放相关政策，其政策建构进程相对较快。

目前仍存在部分市级政府尚未出台以市政府为政策发布主体的政策文件，包括无锡市、武汉市、深圳市、东莞市、中山市、湛江市等，在一定程度上表明这些市级政府的数据开放工作缺乏顶层设计。

二、市政府办公厅(室)

市政府办公厅(室)是地方政府机关设立的负责协助机关领导处理机关日常工作、主管文秘和机关行政管理事务的综合职能部门。② 市政府办公厅(室)的政策发文同市政府一样，承载着同级政府的行文效力，但权力层级较低，政策实施范围较小，政策支持力度不如市政府发布的政策文件。市政府办公厅(室)的发文对象

① 《半月谈》. "政府职能转变"应先"厘清政府职能"[EB/OL]. [2019-01-19]. http://www.cctb.net/llyj/xswtyj/zfcx/201202/t20120229_247055.htm

② 杨墨. 论政府办公厅(室)的行政监督权[J]. 秘书，2018(06)：88-92.

一般是面向政府内部的其他下属单位，向政府内部传递各类信息；其发布的政策文件一般具有阶段性、具体性和明确针对性。

从统计结果来看，大部分副省级及以下城市政府均有市政府办公厅(室)发布的政策文件，表明多数市级政府数据开放建设均有针对政府内部的具体工作目标和阶段性计划；政策文件多与“年度政务信息公开工作重点”“政务公开标准化规范化试点工作”“信息公开工作安排”等主题相关。其中，广州市、东莞市、惠州市、梅州市、湛江市、珠海市等地市政府办公厅(室)的发文数量较多，对政府内部信息透明化建设较为重视。

珠海市、青岛市、济南市、宁波市、苏州市、哈尔滨市等地尚未颁布以市政府办公厅(室)为发布机构的政策文件，在数据开放政策的顶层设计方面缺乏针对政府内部的具体指导和计划，直接面向社会公众公开汇聚来自企业、行业协会、事业单位和社会组织等主体的数据资源。

三、总结

从副省级及以下城市政府数据开放政策的颁布机构分布来看，大部分城市的政府数据开放政策既包括全局性的指导方针和总领规划，也包括具体的行动计划和管理实施方案，形成了自上而下、从整体到部分、从总括到具体的市级政府数据开放政策体系。但也有部分市级政府缺乏数据开放政策的顶层设计或具体行动计划，如无锡市、武汉市、深圳市、东莞市、中山市等地没有市政府出台的相关文件，珠海市、宁波市、贵阳市、济南市、青岛市、苏州市等地没有市政府办公厅(室)出台的相关文件。总体而言，副省级及以下城市政府数据开放政策体系发展进度各异，广东省内的地方政府相关政策发展较快。统计结果见图4-2。

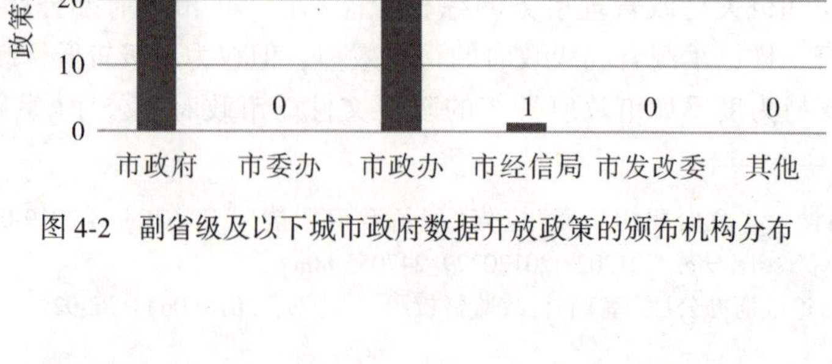

图4-2　副省级及以下城市政府数据开放政策的颁布机构分布

第三节 政策目标

政策目标是政策主体为了解决特定社会公共问题而采取的政策行为所要求达到的目标、指标和效果。① 政策的最终执行效果和评估质量与政策目标密切相关，政策目标的明确性、针对性、合理性、可执行性和具体性等是保障良好的政策执行效果的关键要素。本节将重点探讨副省级及以下城市政府数据开放政策目标，将政策目标归为数据开放基本要素和数据开放具体要求两大类，基本要素包括数据开放平台、数据开放主体、数据开放数量、数据开放领域，具体要求包括数据审查、数据清理、法律规范和明确时间，以此分析和评估其政府数据开放政策目标是否科学合理和具备可执行性。

一、数据开放基本要素

从各副省级及以下城市政府数据开放政策目标中关于数据开放基本要素的相关统计结果(见表 4-3)来看，“数据开放主体”是政策目标中提及的高频词组，“数据开放平台”“数据开放数量”和“数据开放领域”的提及频率大致相同。数据开放平台主要包括“完善数据交换共享平台”“健全政府数据开放服务平台”“加快政务数据开放平台建设”“建成政府数据统一开放平台”等；数据开放主体涉及各级行政机关、企业、社会公众等；数据开放领域主要提及政务信息资源、民生保障服务等重点领域公共信息资源；数据开放数量则明确规定在特定时间段政府数据公开网站上需要达到的政府数据集数量和政务信息资源共享率。

表 4-3 副省级及以下城市政府数据开放政策目标的基本要素统计

政策数量(份) 目标基本要素 / 城市	数据开放平台	数据开放主体	数据开放数量	数据开放领域
扬州市	1	2	0	1
无锡市	2	1	0	0
武汉市	0	1	0	0
荆门市	0	0	0	0
长沙市	0	0	0	1

① 彭晓凤. 地方政府公共政策执行中的偏差与矫正研究[D]. 重庆大学，2017.

续表

政策数量(份) 目标基本要素 城市	数据开放平台	数据开放主体	数据开放数量	数据开放领域
广州市	0	1	1	0
深圳市	1	1	0	0
东莞市	3	2	4	1
佛山市	0	1	0	1
惠州市	1	3	2	1
江门市	2	2	0	2
梅州市	2	2	3	1
肇庆市	0	0	2	2
中山市	1	0	3	1
珠海市	0	1	0	0
湛江市	0	1	0	0
宁波市	0	2	0	0
贵阳市	1	1	0	1
济南市	1	1	1	1
青岛市	0	1	1	2
苏州市	0	0	0	0
哈尔滨市	0	0	0	0
共计	15	23	17	15

在数据开放平台方面，部分市级政府在政策目标中明确提出要建设政府数据统一开放平台，其中东莞市在连续三份政策文件中明确要求完善信息资源目录体系并建设信息交换共享平台，表明东莞市对于数据平台建设的高度重视。虽然多数城市提到要建设数据开放平台，但并未对数据开放平台的建设进程、建设标准进行统一规定，关于数据开放平台的政策目标模糊性较大。在数据开放主体方面，除了政府部门，企业、社会公众等也是提及频率较高的数据开放主体，表明政策倾向于引导多元主体进行数据开放。在数据开放数量方面，东莞市、梅州市和中山市等地方政府具有较强规划性，按照时间阶段提出相应的任务量，但同一地方政府的政策目标的具体量化规则存在差异。例如，《关于印发梅州市贯彻落实广东省促进大数据发展行动计划（2016—2020年）实施方案的通知》中指出，在2018年，政务信息资源采集率要达到

50%以上，2020年政务信息资源采集率要达到70%以上；在《梅州市加快推进“互联网+政务服务”实施方案》中又明确要求“2018年底前在数据开放平台上开放50个以上政府数据集、到2020年开放120个以上政府数据集”。虽然其关于数据开放平台的政策目标具有鲜明的阶段性，但其说法口径不一致，容易造成政策执行机关的误解，从而影响政策执行效果。在数据开放领域方面，多数市级政府并未在政策目标中明确指出数据开放的具体领域，而是笼统地提到开放政务信息资源、公共信息资源等。

横向来看，东莞市、惠州市、梅州市和济南市等地市级政府的政策目标中数据开放基本元素比较完整，政策目标的制定涉及数据开放平台、数据开放主体、数据开放数量和数据开放领域。大多数市级政府的政策目标基本元素存在缺失情况，政策目标不够全面；其中，荆门市、苏州市和哈尔滨市等城市政府的政策目标中未提及数据开放基本元素中的任意一个。

二、数据开放具体要求

政策目标中的数据开放具体要求包括数据审查、数据清理、法律规范和明确的时间要求。从各副省级及以下城市政府数据开放政策目标中的具体开放要求统计结果(见表4-4)来看，明确的时间要求是被提及的高频词组，数据清理也有部分市级政府的政策文件中涉及，而数据审查、法律规范则较少被提及。总体来看，与政策目标中的基本元素词频率相比，与数据开放具体要求相关的政策目标词明显较少被关注。

表4-4 副省级及以下城市政府数据开放政策目标的具体要求统计

政策数量(份) \ 目标具体要求 \ 城市	数据审查	数据清理	法律规范	明确时间要求
扬州市	1	1	1	0
无锡市	0	0	1	0
武汉市	0	1	0	0
荆门市	0	0	0	0
长沙市	0	0	1	0
广州市	0	0	0	1
深圳市	0	0	0	0
东莞市	2	4	1	4
佛山市	0	0	0	0
惠州市	0	1	0	2

续表

政策数量(份)＼目标具体要求＼城市	数据审查	数据清理	法律规范	明确时间要求
江门市	1	0	1	1
梅州市	0	0	0	3
肇庆市	0	0	0	2
中山市	0	0	0	3
珠海市	0	1	1	0
湛江市	0	0	0	1
宁波市	0	0	0	2
贵阳市	1	0	0	1
济南市	0	0	0	1
青岛市	0	3	0	3
苏州市	1	1	0	0
哈尔滨市	0	0	0	0
共计	6	12	6	24

数据审查是对政府已有的政务信息资源和公共开放数据进行清查，为数据开放作准备。从表 4-4 的统计结果来看，大多数城市的数据开放政策目标中都没有明确要求数据审查，少数城市的政策目标中简要提及要开展数据审查工作，但并未具体规定数据审查工作的内容、标准和细则。例如，东莞市人民政府办公室印发的《2014 年全市政务信息公开工作重点》中提到“加强督导”。

数据清理是在数据审查后对数据进行清洗和整合，将数据资源中的异常数、重复数进行剔除，补充和完善缺失数据、整理杂乱数据的过程。① 目前，部分市级政府数据开放政策目标中规定了要整合政务数据资源，开展数据清洗工作，但也只停留在笼统性的概念层面，没有实际指导意义。扬州市人民政府印发的《关于加快推进“互联网+”行动的实施意见》的政策目标中提出，要完善政务信息资源目录平台，实现政务信息资源协调。

法律规范是地方政府推进政府数据开放的重要依据。目前，副省级及以下城市

① 何玉洁. 构建审计分析数据仓库中的数据清理及转换技术[J]. 计算机教育，2009(08)：89，129-132.

政府数据开放政策的目标中基本较少提及相关法律规范，只提到“法治化政府建设”“依法执行”等缺乏实际效力的概念性词组，从侧面也反映出我国政府数据开放过程中对法律法规关注不够，大多数政策的效力不高，约束力不强，执行力度也不足。①

明确的时间要求有利于政府数据开放政策的执行和评估。目前，我国多数地方政府在数据开放政策目标中有明确的时间要求，在一定程度上能够促进地方政府数据开放政策持续、稳步、有序地推进。

三、总结

从副省级及以下城市的政府数据开放政策目标的统计结果来看，目前我国地方政府数据开放政策在数据开放平台、开放主体、开放领域和开放数量四个方面有明确的目标，但在数据审查、数据清理、法律法规等具体数据开放要求方面，只在少数政策文件中有所提及，且大多数没有明确的时间要求，政策目标的表述模糊。

第四节 政策内容

一、政策内容概况

从各副省级及以下城市政府数据开放政策文本来看，大多数地方政府并未针对数据开放提出专门性政策，政策主题大多围绕“互联网+”“大数据产业发展”“信息化建设”等，只在政策的某一部分谈及数据开放和信息公开。例如，青岛市在2017年发布的《关于促进大数据发展的实施意见》中用较大篇幅提出要推进大数据产业快速发展，营造新兴繁荣的产业发展生态，着眼于数据的利用和增值，数据公开共享的相关内容则较少。

通过对88份副省级及以下城市政府数据开放相关政策文件进行仔细研读和分析，发现数据开放目录或清单、开放主体、开放平台、开放计划、开放领域、数据要求、数据安全是政策提及较多的主题，因此以这七个主题为分析单元，对收集到的政策作文本分析。目录或清单代表政府开放数据资源的归类方式；开放主体是数据开放的实施对象，即需要开放相关数据的相关主体；开放平台是承载各类政务信息资源、公共数据资源的门户网站，是社会公众获取各类允许开放数据资源的官方渠道；开放计划即推进政府数据开放政策设计和数据开放平台建设的具体规划和行动纲要；开放领域对政府数据开放的范围作了说明，指允许面向社会公众开放的数据资源所属的社会生活领域；数据要求即针对开放数据的各类规范和标准；数据安

① 黄如花，温芳芳. 我国政府数据开放共享的政策框架与内容：国家层面政策文本的内容分析[J]. 图书情报工作，2017，61(20)：12-25.

全涉及个人隐私安全、信息技术安全等。

从统计结果来看，政策文本中关于数据开放目录或清单、数据开放主体、数据开放平台、数据开放领域和数据要求的内容较多，而提及数据开放计划和数据安全的频率相对较低。不同地方政府相关政策的完备性有差异，广州市、东莞市、惠州市、梅州市、贵阳市等城市地方政府的相关政策内容比较丰富，涉及的主题较多，而长沙市、深圳市、江门市、佛山市、苏州市、青岛市、济南市、哈尔滨市等城市地方政府发布的政策涉及的相关内容较少，在数据开放政策的设计上还需要进一步健全和完善。

表 4-5　副省级及以下城市政府数据开放政策文本内容统计

政策数量(份)　政策文本主题 城市	目录或清单	开放主体	开放平台	开放计划	开放领域	数据要求	数据安全
扬州市	2	4	3	2	4	2	2
无锡市	2	3	3	2	3	2	1
武汉市	2	2	2	1	2	1	2
荆门市	3	3	2	1	2	1	1
长沙市	2	2	2	0	2	1	1
广州市	3	3	5	2	5	3	3
深圳市	2	1	2	0	1	1	1
东莞市	6	4	7	2	8	8	5
佛山市	2	2	1	0	3	3	2
惠州市	3	7	5	2	7	7	3
江门市	1	3	1	0	3	3	1
梅州市	2	8	6	4	8	8	4
肇庆市	3	5	3	2	5	4	4
中山市	1	4	4	1	4	4	3
珠海市	3	4	4	1	4	4	3
湛江市	3	4	4	1	4	4	0
宁波市	2	2	2	1	2	2	2
贵阳市	5	5	5	1	5	5	5
济南市	2	4	3	0	3	2	2
青岛市	1	4	4	0	3	4	3

续表

政策数量(份)　政策文本主题 城市	目录或清单	开放主体	开放平台	开放计划	开放领域	数据要求	数据安全
苏州市	2	3	3	0	2	2	1
哈尔滨市	0	1	0	0	0	0	0
共计	52	78	71	23	80	71	49

二、开放主体

开放主体是各类政务信息资源、公共数据信息等的提供方，主要包括政府部门、企业、事业单位、行业协会、科研机构和社会组织等。从副省级及以下城市政府数据开放政策主体的统计分析(见表4-6)来看，政府部门是数据开放的最主要机构，其次是企业和事业单位，也有少数市级政府的数据开放政策文件中提到行业协会、科研机构和社会组织。

表4-6　副省级及以下城市政府数据开放政策主体统计

政策主体 城市	政府部门	事业单位	企业	行业协会	科研机构	社会组织
扬州市	✓	✓	✓			✓
无锡市	✓	✓	✓			
武汉市	✓					
荆门市	✓	✓	✓			
长沙市	✓					
广州市	✓		✓			✓
深圳市	✓	✓				
东莞市	✓		✓		✓	✓
佛山市	✓					
惠州市	✓	✓	✓	✓	✓	✓
江门市	✓	✓	✓			
梅州市	✓	✓	✓	✓	✓	✓
肇庆市	✓		✓	✓		
中山市	✓		✓			

续表

政策主体 城市	政府部门	事业单位	企业	行业协会	科研机构	社会组织
珠海市	✓		✓			
湛江市	✓	✓	✓			
宁波市	✓	✓	✓			
贵阳市	✓	✓	✓			✓
济南市	✓	✓	✓		✓	✓
青岛市	✓	✓	✓			
苏州市	✓	✓	✓			
哈尔滨市	✓		✓			✓
共计	22	13	18	3	4	8

政府部门拥有海量各类政务信息资源、公共数据资源，且其所掌握的数据资源与教育、卫生、环保、社会保障等民生服务重点领域相关，无论是数据量还是数据种类都是其他主体无法企及的，理应是数据开放的先行者。同时，部分地方政府也提出引导事业单位、企业、社会组织、行业协会和科研机构等进行数据开放，企业和事业单位是政府部门之外提及较多的开放主体。随着副省级及以下城市政府数据开放进程的纵深发展，数据开放的主体将会逐渐增加，政府数据平台提供的数据资源将更加多元化。

从单个城市来看，惠州市、梅州市等城市的政府数据开放政策中涉及政府部门、事业单位、企业、行业协会、科研机构、社会组织等列表中的所有机构主体，扬州市、东莞市、济南市等地的政策中提及的数据开放主体也比较多元化；武汉市、佛山市等地的数据开放主体只提到政府部门，尚局限于政府内部的信息资源整合和数据开放共享，企业、科研机构等相关主体的数据资源并未包含在开放数据的范畴内。总体来看，大多数地方政府的数据开放建设以政府部门为核心，同时鼓励并引导企业、事业单位、行业协会、科研机构、社会组织等掌握丰富数据资源的组织机构开放共享数据，以促进数据开放主体的多元化。

三、开放平台

政府数据开放平台是政务数据资源、公共信息资源等的承载体，各类数据资源均通过数据开放平台面向社会公众公开发布。从副省级及以下城市政府数据开放政策有关平台内容的统计结果(见图 4-3)来看，政策文本中提到了各类数据和信息资源平台，如“构建为民服务综合信息服务平台”“建设行业大数据公共服务平台”“加强政府网站统一技术平台建设”等，明确提出“数据开放平台”“信息共享平台”等关键词组的政策较少。江门市、佛山市、深圳市、长沙市、荆门市、武汉市等城市地方政府出台的政策中并未明确提出要建设政府数据统一开放平台。东莞市、梅州市、广州市、珠海市、青岛市、湛江市、中山市等城市政府在政策文本中提及“数据开放平台”的频率较高，但同一个地方政府发布的政策中说法口径仍不一致，例如《东莞市信息化建设“十三五”规划》明确表示“建立东莞市政府数据开放门户网站”，《2017年东莞市政务信息公开工作重点分工方案》又要求“打造统一规范的重点领域信息发布平台”，虽然这些平台都具有数据开放的性质，但说法口径的差异可能导致政策执行过程中的混乱，不利于平台的对接和管理。

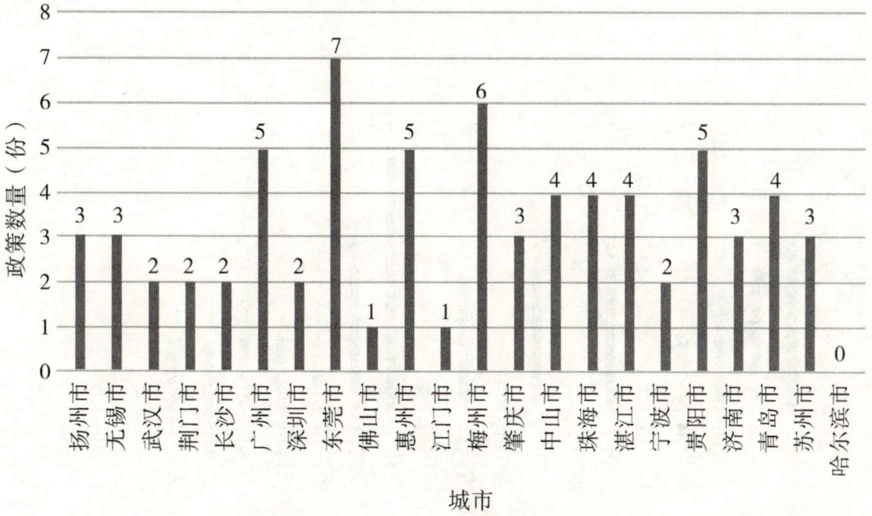

图4-3　副省级及以下城市政府数据开放政策的平台分布

从各副省级及以下城市政府数据开放平台建设的实践结果来看，虽然部分地方政府在政策中提出要建立独立的数据开放平台，但实际上并未付诸实践。例如，梅州市在数据开放政策中明确提出建设“云上梅州”全市政府数据统一开放平台，但目前仍没有独立的数据开放平台，表明部分地方政府政策的执行效果较差，政府数据开放进程缓慢。总体而言，从政策的设计和平台的实际建设情况来看，建设数据开放平台是政府推进数据开放进程的重要组成部分和必然趋势，更多地方政府推出独立的政府门户网站，但在网站的设计上，普遍没有统一标准和规范，各地政府数据开放平台的名称、网页分布、页面布局、网站内容、应用和服务等都存在差异，不利于国家级数据开放平台的建设。

四、开放计划

开放计划是政府基于其拥有的数据、技术、人力、财力资源等，对一个时间段内数据开放推进工作所做的统一安排，包括阶段性目标和工作指标量。制定合理的开放计划有利于稳步推进数据开放，把握各部门数据开放工作开展的进度，及时发现问题并作出调整，还可以作为阶段性工作评价的参考。从副省级及以下城市政府数据开放计划的统计结果(见图4-4)来看，梅州市、肇庆市、广州市、东莞市、惠州市和扬州市等地的政策文件中多次提到制定数据开放计划，包括“制定数据资源开放计划”“制定政府数据年度开放计划”“制定数据开放行动计划”等。提及“开放计划”的机构主体大多是市政府办公厅(室)，如无锡市、广州市、惠州市、珠海市、宁波市等地出台的含有“开放计划”的数据开放政策，均是由当地市政府办公厅(室)发布的。

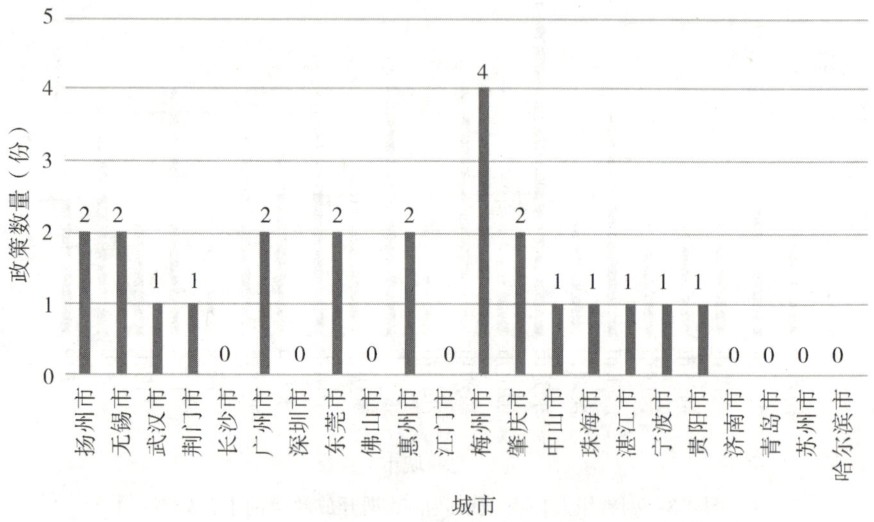

图4-4 副省级及以下城市政府数据开放政策的计划分布

长沙市、深圳市、佛山市、江门市、济南市、青岛市、苏州市和哈尔滨市等地政府并未在数据开放相关政策文件中明确提到开放计划，通过浏览和分析其政策具体内容发现，上述地方政府在政策文件中也鲜少按照时间划分提出阶段性规划和具体工作目标。与“目录或清单”“开放主体”“开放领域”“开放目标”“开放平台”等主题相比，“开放计划”的出现频率明显较低，表明部分市级政府对如何具体推动数据开放还没有清晰的思路。

五、目录或清单

数据开放目录或清单是政府开放数据范畴的依据和基准，规定了政府可公开和不可公开的数据范围。各地方政府对数据开放目录或清单的说法存在较大差异，提出制定各类数据资源目录或清单，如“数据资源清单”“信息资源目录”“信息公开目录”“数据资源开放目录”等，将此类目录或清单都归为统计的范畴。从统计结果(见图 4-5)来看，大多数地方政府都明确提出要制定数据开放目录或清单，其中，东莞市、贵阳市等地相关政策提及的频率较高。

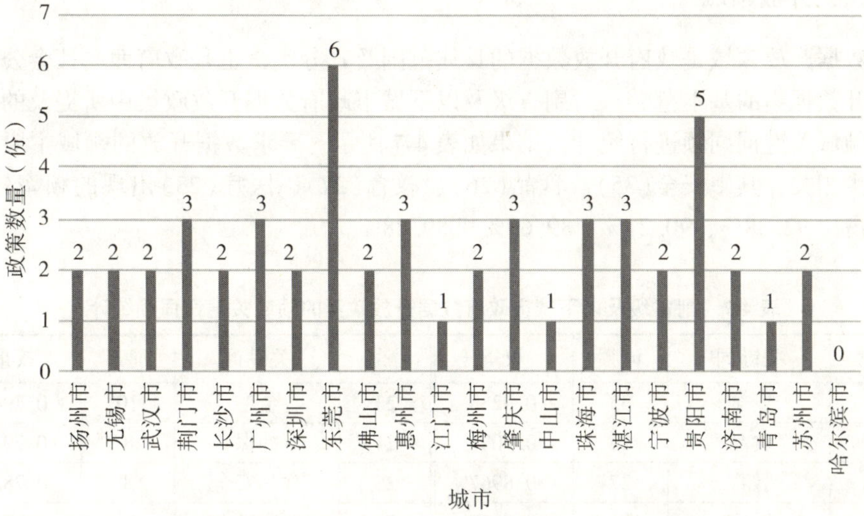

图 4-5　副省级及以下城市政府数据开放政策的目录或清单分布

部分地方政府提出数据开放目录或清单的编制以国务院发布的目录指南为依据，如扬州市政府数据开放目录或清单的编制工作规定要依据《国家发展改革委中央网信办关于印发〈政务信息资源目录编制指南(试行)〉的通知》。部分城市则以本市数据开放平台或数据中心为依据编制目录或清单，如东莞市明确规定要依托“中国 · 东莞”平台统一建设政府信息公开目录；无锡市提出要基于城市大数据中心，建立公共数据资源开放目录。由于编制数据开放目录或清单的依据各异，可能导致各地政府数据分类方式、数据统计口径等的不一致，进而影响各地数据统计和公开发布的具体实践。

各政策提到的数据开放目录或清单的数据分类方式主要有按体裁分类、按数据主题分类等，多数地方政府还明确规定要及时更新和调整数据开放目录或清单的内容。还有地方政府提出在制定数据开放目录或清单前要针对数据展开风险评估和调查，如武汉市规定基于开放优先、安全例外、分类分级的原则，对大数据中心的数据资源进行梳理和开放风险评估，制定并及时更新数据开放目录。此外，部分城市政府还规定了开放目录或清单的量化指标，如青岛市在 2018 年 1 月 11 日印发的《关于印发青岛市政务信息系统整合共享实施方案的通知》中明确规定“2018 年年底前，基于政务信息资源目录体系，补充完善政府数据开放目录，争取通过政府数据开放网站开放的数据集达到 1400 个”。

综合来看，副省级及以下城市政府数据开放目录或清单的说法口径、编制依据、规定细则等都存在较大差异，难以规范化、标准化和统一化，不利于纵向和横向上的协同。

六、开放领域

数据开放领域是政府开放数据的具体范围及其分类，也是政府面向社会公众提供公开数据集的基本范畴。对副省级及以下城市政府数据开放政策中所提及的各类开放领域关键词词频进行统计，结果如表 4-7 所示。要求数据开放的领域主要与社会民生相关，其中安全(35)、食品(26)、教育(27)、医疗(23)出现的频率较高，分别占比 92. 38%、90. 21%、89. 67%和 89. 28%。

表 4-7　副省级及以下城市政府数据开放政策的领域关键词词频统计

序号	关键词	词频	权重	序号	关键词	词频	权重
1	安全	35	0. 9238	23	金融	10	0. 7945
2	食品	26	0. 9021	24	社保	8	0. 7938
3	教育	27	0. 8967	25	食品安全	8	0. 7828
4	医疗	23	0. 8928	26	市场	10	0. 7794
5	民生	18	0. 8873	27	农业	9	0. 7776
6	行政	22	0. 8802	28	征地	7	0. 7739
7	交通	22	0. 8796	29	生产	9	0. 7689
8	环境	22	0. 8692	30	政务	7	0. 7664
9	药品	18	0. 8686	31	科技	8	0. 7581
10	卫生	19	0. 8673	32	财政	7	0. 7517
11	住房	14	0. 8398	33	社会保障	6	0. 7462
12	救助	13	0. 8377	34	健康	7	0. 7455
13	文化	16	0. 8368	35	审批	6	0. 738
14	监管	14	0. 8363	36	劳动	6	0. 7318
15	建设项目	13	0. 8321	37	财税	5	0. 7315
16	保障	15	0. 8296	38	国有企业	5	0. 725
17	登记	13	0. 8147	39	补偿	5	0. 7217
18	信用	11	0. 8133	40	公益	5	0. 7213
19	配置	11	0. 7995	41	地理	5	0. 7204
20	旅游	11	0. 7993	42	供气	4	0. 7172
21	扶贫	9	0. 7957	43	生态	5	0. 7161
22	就业	10	0. 7948				

从对各副省级及以下城市政府数据开放政策提及数据开放领域的统计结果(如图 4-6 所示)来看，大多数城市的政策文件中都提及了数据开放领域，但不同省份的地方政府或同一省份不同地区的地方政府所提的开放领域存在一定差异。例如，青岛市人民政府办公厅在《关于印发 2018 年“互联网+政务服务”工作要点的通知》中明确指出数据开放领域为“户籍管理、工商登记、劳动就业、最低生活保障、老年人优待证、补贴发放、生育登记、残疾人服务”等；2017 年 5 月 23 日青岛市人民政府印发的《关于促进大数据发展的实施意见》中又规定数据开放领域为民生、环境、食品药品安全、交通、公共信用、渔业等。宁波市人民政府办公厅印发的《关于全面推进政务公开工作的实施意见》中提出要率先公开“教育、医疗、人力社保、养老、住房、交通运输、环保、食品安全、公共安全等重点民生领域”。

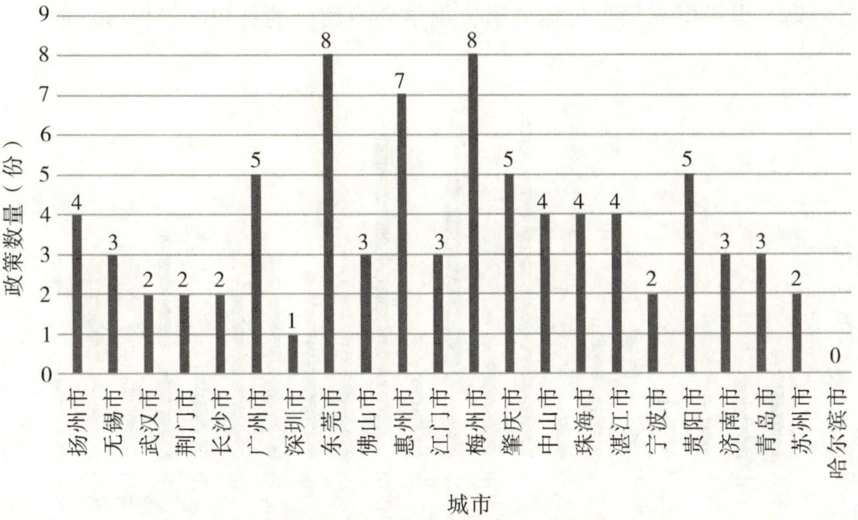

图 4-6　副省级及以下城市政府数据开放政策的领域分布

七、数据要求

数据要求是针对政府开放数据资源的分类、组织、发布等日常管理等作出的具体规范和意见指导。数据要求是数据质量的有效保证，高质量的数据公开发布会促进数据的再利用①；明确具体的数据要求能够提高数据管理的效率，也能帮助用户

① Vetroa, Canova L, Torchiano M, et al. Open Data Quality Measurement Framework: Definition and Application to Open Government Data[J]. Government Information Quarterly, 2016, 33 (2): 325-337.

迅速定位到目标信息，提高检索效率。

从统计结果(如图4-7所示)来看，除了哈尔滨市，其他各市政府的数据开放政策文件中都提到了各种数据要求。长沙市从数据可用性的角度提出，要尽可能保证使用数据的客观性，并综合运用各种生动实例对数据进行形象化、通俗化解读；东莞市从数据流程的规范性角度提出，要尽快建立大数据采集、管理、开放、应用等标准规范；佛山市在数据源代码方面指出，要遵循多用途互联网邮件扩充协议(MIME，RFC 2045/RFC 2046)的规定；梅州市对信息的更新调整作出了规定，确保政务平台发布的信息及时、规范、准确；惠州市从数据连通视角提出了“统一入口、统一出口、统一标准、统一调度、统一监督”的运行机制；扬州市规定要明确信息系统中数据资源的分类、提供方、格式、数据项名称、数据类型、共享属性、开放属性、更新周期等内容；荆门市则从数据的功能属性切入，提出支持异构系统的数据采集及提供可靠信息传输通道，提供交换信息的打包、转换等功能。

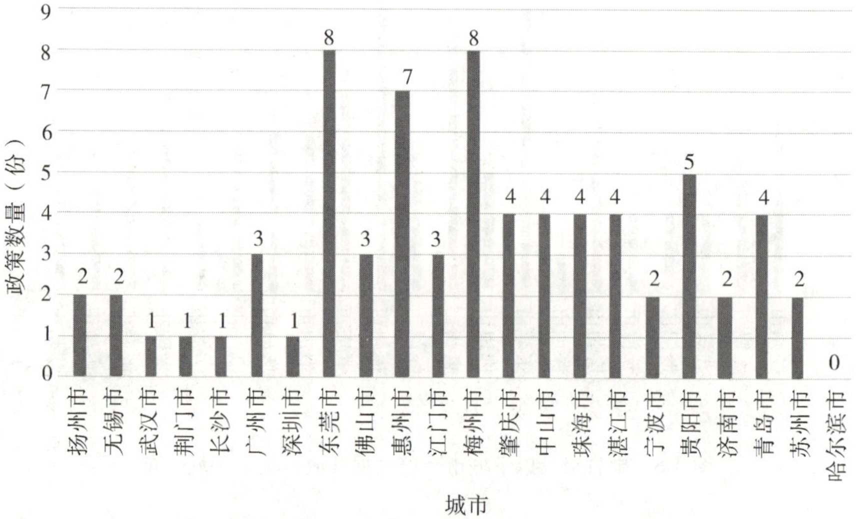

图4-7　副省级及以下城市政府数据开放政策的数据要求统计分布

对政策文本进行分析的过程中，发现以下几个问题：①对开放数据资源的要求主要针对数据组织、数据质量、数据标准、数据发布、数据利用等方面，各地方政府就其中的某些方面进行了规定，但都不全面，只关注到开放数据资源的部分属性；②对开放数据资源的要求普遍缺乏指导性，只是笼统地提出了相关要求，但是对怎么实现这些要求、怎么评估相关工作是否达到这些要求，都未具体说明；③地方政府提出的数据要求各异，将会导致数据管理实践的不一致，比如元数据、数据格式、数据分类等的差异；④对于开放数据的免费性和自由利用的相关权利条款尚未明确规定，无法保障数据获取和利用的公开性、非歧视性等。①

此外，诸如哈尔滨市等地政府在数据开放相关政策文件中并未明确规定数据要求，可能造成在数据开放管理、应用等过程中的随意和混乱。总体而言，在数据要求方面，副省级及以下城市政府数据开放相关的政策文件中尚未有统一具体标准和规范，各地政策文件中对数据的具体要求存在多种说法口径和规范标准，不利于地方数据开放的协同。

八、数据安全

数据安全是从技术和管理方面为数据处理系统建立和采用的安全保护，避免政务信息资源、计算机软硬件等因偶然或恶意原因而遭到袭击、破坏、泄露和更改。② 从各副省级及以下城市政府数据开放政策中有关数据安全内容的统计分析结果(如图 4-8 所示)来看，目前提及数据安全相关关键词的政策文本相对较少，哈尔滨市、湛江市等地在政策文本中尚未关注数据安全。

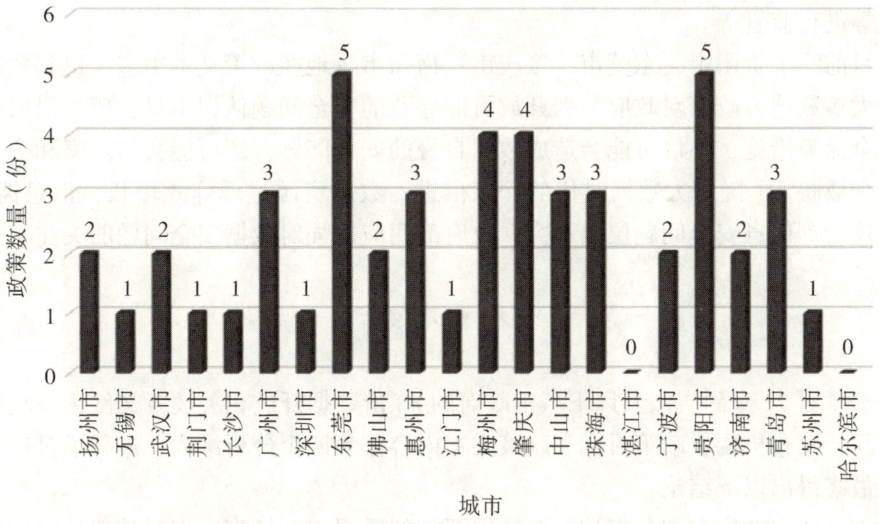

图 4-8　副省级及以下城市政府数据开放政策的数据安全统计分布

政策中与数据安全有关的内容主要涉及隐私泄露、数据篡改、病毒攻击、信息丢失等，各地政府就如何保障政府数据开放的安全提出了各种见解。例如，扬州市

① 郑磊，熊久阳. 中国地方政府开放数据研究：技术与法律特性[J]. 公共行政评论，2017，10(01)：53-73，206.

② 李华清. 网络安全威胁和网络监管的现状、问题及对策研究[D]. 上海交通大学，2007.

政府提出要切实保障信息资源使用过程中个人隐私、商业机密的安全；武汉市政府要求做好政府网站的防攻击、防篡改、防病毒等安全工作；广州市政府规定要明确数据采集、传输、存储、使用、开放等各环节保障网络安全的范围边界、责任主体和具体要求；惠州市、肇庆市、珠海市等地政府强调不得泄露国家秘密，不得侵犯商业秘密和个人隐私。

总体来说，各副省级及以下城市政府针对数据安全的具体保障措施主要包括技术和管理两个层面。技术方面包括加强政府数据开放平台安全防护、根据信息安全等级管理原则分级、分内容向社会公众开放数据、完善网络安全监测预警和应急处置系统、增强信息安全事件防范和溯源能力等。管理方面包括：实行保密审查制度，严禁各机构将涉密信息发布在网络平台上；将危及国家安全、经济安全、公共安全、社会稳定等方面的事项依法纳入负面清单；建立健全政府网站用户信息保护制度；健全大数据安全保障体系；建立互联网企业数据资源利用授信机制；依法做好信息的记录、维护、异议处理及信息安全等工作；建立健全政府网站日常监测机制，对政府网站的开办、建设、定级、备案、运维、等级保护测评、服务、互动、安全等进行监管等。

目前除了贵阳市、东莞市、肇庆市、梅州市等地在政策文本中多次提到数据安全，大多数地方政府对政府数据开放可能导致的安全问题认识不足，较少提出相应的安全保障措施，不仅可能会造成数据自身的安全问题，还可能会给国家和个人带来安全威胁。① 随着大数据时代的深入推进，数据资源呈爆炸式增长，信息泄露、网络攻击等信息安全问题层出不穷，政府部门应加强对数据安全问题的关注。

本章小结

本章对22个副省级及以下城市政府的88份数据开放相关政策文件，以政策发布时间、发布机构、政策目标和政策文本内容作为四个分析维度，进行了对比和分析，最终得出以下结论：

①统计内的广东省各市政府对数据开放的重视程度较高，相对其他地区的市政府，其数据开放政策数量更多，内容更丰富。

②大多数副省级及以下城市政府发布的数据开放相关政策，只是嵌于大数据发展、电子政务、政务信息资源管理、互联网建设等意见、通知、规划等，② 政府数

① 本刊讯．中国信息化百人会召开“如何推动中国公共数据开放的政策环境和安全保障建设”公共政策双周圆桌会议[J]．电子政务，2014(11)：15.

② 谭必勇，刘芮．我国地方政府开放数据政策研究——以15个副省级城市为例[J]．情报理论与实践，2018，41(11)：51-56.

据开放仅作为辅助性内容。相关政策中只是在某一小节提及政府数据开放，内容涉及不多，缺乏地方政府数据开放的专项政策。

③大多数政策也只是笼统地提出要推动政务信息公开和政府数据开放，建设政府数据统一开放平台，但并没有就政府数据开放及其平台建设提出具体的行动计划和实质性的指导意见，对我国政府数据开放的政策相关问题缺乏全面的分析和研判。

第五章　省级政府数据开放平台

建立政府开放数据平台是政府推动数据开放的重要举措，政府各部门可以通过数据开放平台统一发布数据，公众可以在数据开放平台查找、下载和使用数据。政府开放数据平台连接着数据提供方和数据使用方，是数据开放并产生价值的基础。地方政府数据开放平台的建设情况很大程度上代表了数据开放政策的执行情况，将政策与实践相结合能更好地分析各地政府数据开放现状。

通过访问网站、百度搜索等方式发现共有 8 个省级行政区政府建立了数据开放平台，包括北京市、上海市、浙江省、广东省、贵州省、山东省、江西省和宁夏回族自治区。本章对这 8 个省级政府数据开放平台进行深入研究，从平台概况、数据资源、数据组织与检索、数据服务四个方面对省级政府数据开放平台的发展现状进行描述。

第一节　平台概况

从平台名称来看，各省级政府数据开放平台名称各不相同，没有统一的范式。其中，北京市、上海市、浙江省的政府数据开放平台名称未提及"开放"，北京市是"政务数据资源网"，上海市是"政府数据服务网"，浙江省政府数据开放平台更是嵌入浙江政务服务网之中，平台名称的指示性不足。广东省、宁夏回族自治区则统一用"开放+地名"作为平台命名方式，指示性较强，更容易查找和定位。

从数量上看，根据 1986 年"七五"计划划分东中西部的标准，列入统计的 8 个省级行政区，占我国省级行政区总数不到三分之一，其中 5 个属于东部地区，2 个属于西部地区，1 个属于中部地区。可见，东部地区省级政府数据开放平台较多，中部地区和西部地区的省级政府数据开放平台相对较少。近年来，西部地区的贵州省和宁夏回族自治区政府十分重视大数据、数据资源共享、数据开放等，也相继成立了省级的政府数据开放平台。

从上线时间看，其中，上海市政府数据开放平台最早上线，早在 2012 年上半年平台就投入使用，开启了我国地方政府数据开放平台建设的探索实践。紧接着北京市在 2012 年下半年也建立了政府数据开放平台，这两个市最先试足数据开放，然后直到 2015 年其他省的政府数据开放平台才陆续上线。具体见表 5-1。

表 5-1 省级政府数据开放平台概况

省级行政区	平台名称	所属地区	级别	上线时间	网址
北京市	北京市政务数据资源网	东	直辖市	2012. 10	http://www.bjdata.gov.cn/
上海市	上海市政府数据服务网	东	直辖市	2012	http://www.datashanghai.gov.cn/
浙江省	浙江政务服务网	东	省	2015	http://data.zjzwfw.gov.cn/
广东省	开放广东	东	省	2016. 10	http://www.gddata.gov.cn/
贵州省	贵州省政府数据开放平台	西	省	2016	http://www.gzdata.gov.cn/
山东省	山东公共数据开放网	东	省	2018	http://data.sd.gov.cn/
江西省	江西省政府数据开放网站	中	省	2018	http://data.jiangxi.gov.cn/
宁夏回族自治区	开放宁夏	西	省	2017	http://ningxiadata.gov.cn/

第二节 数据资源

本节主要讨论省级政府数据开放平台提供的数据资源及其特征，重点关注数据数量、数据分类和数据格式等内容。

一、数据数量

数据数量主要分为数据集数量和单条数据总量两个部分，有的省级政府数据开放平台只提供了其中一个，只有北京市、广东省和山东省既提供了数据集数量，又提供了单条数据数量。数据集是数据的集合，通常以表格形式出现。① 单条数据是

① 复旦大学. 2018 中国地方政府数据开放报告[R]. 上海：复旦大学，2018：15-17.

指数据集中包含的每条具体的数据。一个数据集中包含许多条数据，单条数据总量需要将各个数据集中的数据单条量加总求和。数据集数量和单条数据总量可以衡量一个数据开放平台的开放程度，数据开放平台提供的数据集越多，其覆盖面就越广，越能满足不同用户群体的数据需求，数据开放的价值也越高。① 数据数量不仅可以用于衡量平台开放数据的多少，也可以用于不同平台之间开放数据量的比较。

从数据集数量来看，统计的 8 个省级政府数据开放平台中，山东省开放的数据集数量最大，达到了 3 万多个，其次是广东省、贵州省、上海市和北京市，这四个省级行政区的数据集数量均超过了 1000 个。相比之下，浙江省开放数据集数量较少，才 400 个。

从单条数据总量来看，山东省和广东省政府数据开放平台提供的单条数据总量较多，均超过 1 亿条。北京市政府数据开放平台提供了 7 731 万条数据，江西省和宁夏回族自治区提供的单条数据总量相对较少，都不到 50 万条。具体见表 5-2。

表 5-2　省级政府数据开放平台数据量

省级行政区	数据集数量	单条数据总量
北京市	1 195	77 310 000
上海市	2 106	无
浙江省	400	无
广东省	2 436	139 000 000
贵州省	2 111	无
山东省	32 967	412 000 000
江西省	无	466 172
宁夏回族自治区	无	343 175

二、数据分类方式

对数据进行分类有利于数据的统一归类和快速查找。8 个省级政府数据开放平台共有按主题(或领域)、部门(或提供单位)、数据类型、综合评分、地区、数据使用方式、数据格式等七种数据分类方式。

从数据分类方式的数量来看，上海市、贵州省、宁夏回族自治区的数据分类方

① 余奕昊，李卫东. 我国地方政府数据开放平台现状、问题及优化策略——基于 10 个地方政府数据开放平台的研究[J]. 电子政务，2018(10)：99-114.

式最多，均分为四类。其中上海市与贵州省的数据分类方式较为相似，均包含了数据类型、提供单位、数据类型和评分四个方面；宁夏回族自治区的数据则按部门、主题、数据使用方式和数据格式四个维度进行划分，与上海市、贵州省略有不同。广东省和山东省的数据分类方式均为三种，北京市、浙江省、江西省的数据分类方式均为两种。具体见表5-3。

表5-3 省级政府数据开放平台数据分类方式列表

省级行政区	数据分类方式	数量
北京市	主题/机构	2
上海市	数据类型/领域/提供单位/综合得分	4
浙江省	数据领域/提供机构	2
广东省	主题/省级部门/地市地区	3
贵州省	类型/数据主题/数据提供部门/评分	4
山东省	领域/部门/地市	3
江西省	部门/主题	2
宁夏回族自治区	部门/主题/数据使用方式/数据格式	4

为了进一步探究各省政府数据开放平台的数据分类对比情况，下面按主题(或领域)、部门(或提供单位)、地区、数据形态(包括数据格式、数据类型、数据使用方式等)和评分五种分类方式进行统计，对各省涉及的数据分类方式进行二次统计和对比。由表5-4可知，8个省级政府数据开放平台均提供主题(或领域)、部门(或提供单位)两种数据分类方式，地区、数据形态和评分三种分类方式的使用频率相对较低，可见目前按主题(或领域)和部门(或提供单位)分类是省级政府数据开放平台数据分类的主流方式。

表5-4 省级政府数据开放平台数据分类方式统计

数据分类方式 / 省级行政区	主题	部门	地区	数据形态	评分
北京市	✓	✓			
上海市	✓	✓		✓	✓
浙江省	✓	✓			
广东省	✓	✓	✓		

续表

省级行政区＼数据分类方式	主题	部门	地区	数据形态	评分
贵州省	✓	✓		✓	✓
山东省	✓	✓	✓		
江西省	✓	✓			
宁夏回族自治区	✓	✓		✓	
共计	8	8	2	3	2

三、数据格式

数据格式影响着数据的可用性，格式是否可机读是衡量政府数据开放程度的一个重要指标。能被计算机读取且处理的数据格式有 CSV、XLS 等，不可机读的数据格式有 PDF、JPG 等。如果数据不能被机器读取，后续的数据分析、加工利用等环节将受到影响，数据价值的增长将大打折扣。各省级政府数据开放平台都提供了多种数据格式，以方便用户查阅、调取和使用。北京市、上海市、浙江省和广东省均提供三种数据格式，贵州省、山东省、江西省、宁夏回族自治区均提供四种数据格式。

对各省级政府数据开放平台提供的数据格式进行分类统计，结果如表 5-5 所示。结果显示，各省级政府数据开放平台均提供了 XLS 和 XLSX 格式的文件，CVS 格式的文件出现的频率也较高，有 6 个平台提供了这种格式。XLS、XLSX 和 CVS 都是可机读格式，表明数据可机读是数据开放的大趋势。部分平台还提供 DOC、DOCX、PDF 等不可机读格式供用户浏览数据。

表 5-5　省级政府数据开放平台数据格式统计

省级行政区＼数据格式	XLS 或 XLSX	CSV	XML	JSON	DOC 或 DOCX	JPG	ZIP	WEB	PDF
北京市	✓	✓					✓		
上海市	✓	✓			✓				
浙江省	✓				✓				✓
广东省	✓			✓					
贵州省	✓	✓			✓		✓		

续表

数据格式 / 省级行政区	XLS 或 XLSX	CSV	XML	JSON	DOC 或 DOCX	JPG	ZIP	WEB	PDF
山东省	✓	✓	✓	✓					
江西省	✓	✓	✓	✓					
宁夏回族自治区	✓	✓	✓	✓					
共计	8	6	3	4	3	0	2	0	1

第三节 数据组织

本节主要讨论省级政府数据开放平台数据资源的组织和检索方式，重点关注数据主题、元数据、数据排序方式和更新检索方式等内容。数据的组织方式决定了政府数据开放平台对外的展示效果，也影响了用户获取开放数据的效率和有效性，是政府数据开放平台建设中较为重要的一个环节。

一、数据主题

数据主题涉及社会生活的方方面面，可以反映开放数据覆盖的广度。数据主题覆盖越全面，越能满足不同用户的数据需求，也可以便利用户根据数据主题对数据进行分类搜索。对 8 个省级政府数据开放平台的开放数据主题进行摘录和统计，结果如表 5-6 所示。结果显示，北京市、贵州省、山东省政府数据开放平台提供的数据主题最多，均达到 20 个。浙江省政府数据开放平台提供的数据主题最少，只有 8 个。宁夏回族自治区政府数据开放平台提供了 19 个数据主题，上海市、广东省和江西省的政府数据开放平台均提供了 12 个数据主题。

表 5-6 省级政府数据开放平台数据主题列表

省份	数据主题	数量
北京市	经济建设/信用服务/财税金融/旅游住宿/交通服务/餐饮美食/医疗健康/文体娱乐/消费购物/生活安全/宗教信仰/教育科研/社会保障/劳动就业/生活服务/房屋住宅/政府机构与社会团体/环境与资源保护/企业服务/农业农村	20
上海市	经济建设/资源环境/教育科技/道路交通/社会发展/公共安全/文化休闲/卫生健康/民生服务/机构团体/城市建设/信用服务	12

续表

省份	数据主题	数量
浙江省	经济建设/环境资源/城市建设/道路交通/教育科技/文化休闲/民生服务/机构团体	8
广东省	资源环境/经济建设/教育科技/道路交通/社会发展/公共安全/文化休闲/卫生健康/民生服务/机构团体/城市建设/社会资源	12
贵州省	财税金融/交通运输/医疗卫生/资源能源/科技创新/生活服务/机构团体/工业农业/社保就业/生态环境/商贸流通/法律服务/安全生产/气象服务/教育文化/地理空间/公共安全/信息服务/城建住房/市场监管	20
山东省	信用/交通运输/社会保障/地理/教育/生态环境/金融/医疗/卫生/就业/文化/科技/资源/农业/安全监管/质量/统计/气象/海洋/企业登记监管	20
江西省	城市建设/道路交通/公共安全/机构团体/教育科技/经济建设/民生服务/社会发展/卫生健康/文化休闲/信用服务/资源环境	12
宁夏回族自治区	科技、教育/劳动、人事/经济管理/工业、交通/卫生健康/文化、体育/旅游、服务业/民政、社区/农业、水利/气象、水文、测绘、地震/财政/政法、监察/信息产业/综合政务/宗教信仰/扶贫救灾/国土资源、能源/商业贸易/对外事务/城乡建设、环境保护	20

由于没有统一的分类方式，8个省级政府数据开放平台提供的数据主题各不相同，主题划分粒度有大有小，还有的主题之间可能存在包含关系，比如北京市政府开放数据主题有餐饮美食和消费购物，但餐饮美食也可包含在消费购物里面。总的来说，省级政府数据开放平台的数据主题分类体系较为混乱。

各地政府数据开放平台的数据主题分类方式并没有统一的标准，无法直接进行横向比较。《国务院办公厅政府信息公开目录》是目前最权威的信息公开目录，可以参考该目录对数据开放主题进行探究。《国务院办公厅政府信息公开目录》规定的信息公开范围包括：国务院组织机构；综合政务；国民经济管理、国有资产监管；财政、金融、审计；国土资源、能源；农业、林业、水利；工业、交通；商贸、海关、旅游；市场监管、安全生产监管；城乡建设、环境保护；科技、教育；文化、广电、新闻出版；卫生、体育；人口与计划生育、妇女儿童工作；劳动、人事、监察；公安、安全、司法；民政、扶贫、救灾；民族、宗教；对外事务；港澳台侨工作；国防；其他。

地方政府职能和国家政府职能有所不同，地方政府管理的事务更加具体化，因此不能完全参照《国务院办公厅政府信息公开目录》。本研究在国务院规定的政府信息公开目录的基础上对政府数据开放领域进行了分类，包括以下16个指标：①综合政务；②经济发展、财政、金融、审计；③国土资源、能源；④农业、林业、水利；⑤工业、交通；⑥商贸、海关、旅游；⑦市场监管、安全生产监管；⑧城乡建设、环境保护；⑨科技、教育；⑩文化、广电、新闻出版；⑪卫生、体育；⑫人口与计划生育、妇女儿童工作；⑬劳动、人事、监察；⑭公安、安全、司法；⑮民政、扶贫、救灾；⑯民族、宗教。根据这16个指标(对应16个编号)对8个省级政府数据开放平台提供的数据主题进行分类统计，结果如表5-7所示。

表5-7　省级政府数据开放平台数据主题统计

省级行政区	数据主题编号																主题覆盖率
	①	②	③	④	⑤	⑥	⑦	⑧	⑨	⑩	⑪	⑫	⑬	⑭	⑮	⑯	
北京市	✓	✓		✓	✓	✓	✓	✓	✓	✓	✓		✓		✓	✓	81%
上海市	✓	✓	✓		✓			✓	✓	✓	✓			✓	✓		63%
浙江省	✓	✓			✓			✓	✓	✓					✓		44%
广东省	✓	✓	✓		✓			✓	✓	✓	✓			✓	✓		63%
贵州省	✓	✓	✓	✓	✓	✓	✓	✓	✓	✓	✓		✓	✓	✓		88%
山东省		✓	✓	✓	✓		✓	✓	✓	✓	✓		✓				63%
江西省	✓	✓	✓		✓			✓	✓	✓	✓			✓	✓		63%
宁夏回族自治区	✓	✓	✓	✓	✓	✓	✓	✓	✓	✓	✓		✓	✓	✓	✓	94%
共计	7	8	6	4	8	3	4	8	8	8	7	0	4	5	7	2	
出现频率	88%	100%	75%	50%	100%	38%	50%	100%	100%	100%	88%	0	50%	63%	88%	25%	

结果显示，②(经济发展、财政、金融、审计)、⑤(工业、交通)、⑧(城乡建设、环境保护)、⑨(科技、教育)、⑩(文化、广电、新闻出版)等主题的出现频率为100%，各省级政府数据开放平台均提供这些领域的数据。①(综合政务)、⑪(卫生、体育)、⑮(民政、扶贫、救灾)等主题的出现频率也较高，达到88%。④(农业、林业、水利)、⑦(市场监管、安全生产监管)、⑬(劳动、人事、监察)、⑯(民族、宗教)这几个主题被提及的相对较少，⑫(人口与计划生育、妇女儿童工作)更是未有平台提及。

从各省对比来看，宁夏回族自治区的主题覆盖率最高，达到了94%，北京市和贵州省的主题覆盖率均达到了80%以上。上海市、广东省、山东省、江西省的主题覆盖率相同，均为63%。浙江省的主题覆盖率最低，仅有44%。具体见图5-1。

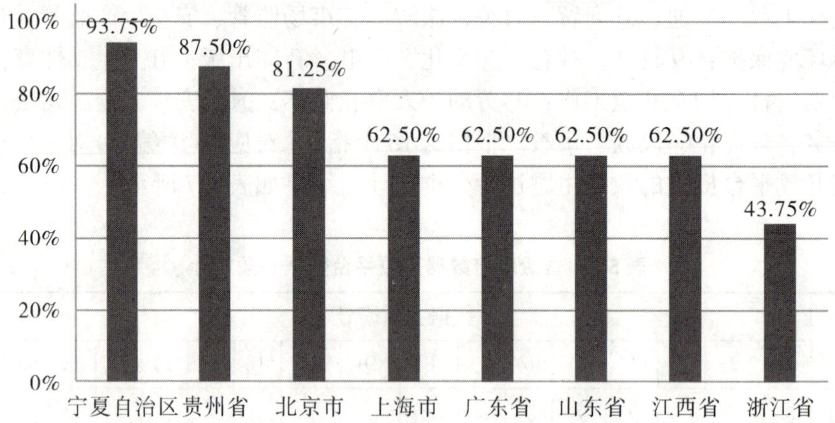

图 5-1　省级政府数据开放平台数据主题覆盖率

二、元数据

元数据是对数据名称、日期、格式、主要内容等数据属性的描述，帮助用户快速了解关于数据的基本信息，方便用户查找需要的数据。政府数据开放平台所提供的元数据越多、数据描述越准确，越能方便用户查找和使用数据。① 对8个省级政府数据开放平台的元数据进行整理和统计，结果如表5-8所示。贵州省、山东省、江西省、宁夏回族自治区政府数据开放平台提供的元数据要素均为17个。浙江省政府数据开放平台提供的元数据要素最少，仅有8个。

表 5-8　省级政府数据开放平台元数据列表

省级行政区	元数据	数量
北京市	资源名称/分类/出版日期/摘要/所有权单位/关键字/数据类型/记录数/浏览量	9
上海市	数据名称/摘要/应用场景/关键字/国家主题分类/部门主题分类/公开属性/首次发布日期/更新日期/访问下载次数/接口提供方/参数说明/返回值说明/接口样本	14

① 余奕昊，李卫东. 我国地方政府数据开放平台现状、问题及优化策略——基于10个地方政府数据开放平台的研究[J]. 电子政务，2018(10)：99-114.

续表

省级行政区	元数据	数量
浙江省	资源名称/资源摘要/关键字/数据来源/信息资源发布日期/在线资源链接地址/信息资源提供方/更新频率	8
广东省	数据名称/分类/更新频率/关键字/数据适用范围/创建时间/最后修改时间/下载次数/浏览次数/开放等级	10
贵州省	数据摘要/主题名称/更新频率/数据提供方/最后更新时间/开放属性/安全等级/浏览量/借口数据名称/借口数据摘要/接口地址/支持格式/请求方式/请求示例/请求参数说明/返回参数说明/返回示例	17
山东省	数据目录名称/开放状态/所属领域/最后更新/来源部门/标签/更新频率/开放方式/发布时间/所属行业/内容简介/下载次数/浏览次数/评分人数/评分次数/评分总数/平均评分	17
江西省	数据名称/数据来源/所属主题/访问量/数据量/发布日期/更新周期/类别/公开方式/公开时限/生成日期/访问量/下载量/评论量/评分量/订阅量/信息评分	17
宁夏回族自治区	数据目录名称/开放状态/所属主题/最后更新/来源部门/标签/更新频率/数据格式/发布时间/所属行业/内容简介/下载次数/浏览次数/评分人数/评分次数/评分总数/平均评分	17

各省级政府数据开放平台提供了各种元数据要素，主要分为三大类：第一，揭示资源内容的元数据，包括摘要/简介、关键词、主题、行业、语种；第二，反映数据属性的元数据，包括格式、数据量、文件大小、数据类型、创建时间、更新时间、更新频率、接口状态及说明、下载量、访问量、评分或评论；第三，描述知识产权的元数据，包括开放属性、数据提供机构、数据维护机构、在线资源链接地址。

统计结果(见表 5-9)显示，创建时间、访问量、数据提供机构的出现频率最高，摘要/简介、关键词、更新时间、更新频率、下载量、开放属性等元数据元素提及的也较多，行业、格式、数据类型、接口状态及说明、在线资源链接地址等元数据要素出现频率相对较少，数据量、文件大小、评分、数据维护机构、语种等 5 个元数据要素则未在 8 个省级政府数据开放平台中出现。

表 5-9 省级政府数据开放平台元数据统计

省级行政区	揭示资源内容的元数据					反映数据属性的元数据											描述知识产权的元数据					
	摘要/简介	关键词	主题	行业	语种	格式	数据量	文件大小	数据类型	创建时间	更新时间	更新频率	接口状态及说明	下载量	访问量	评分或评论	开放属性	数据提供机构	数据维护机构	在线资源链接地址	元数据个数	元数据覆盖率
北京市	✓	✓							✓	✓				✓	✓			✓			7	35%
上海市	✓	✓	✓							✓	✓			✓	✓		✓	✓			9	45%
浙江省	✓	✓								✓		✓						✓		✓	6	30%
广东省		✓								✓	✓	✓		✓	✓		✓				7	35%
贵州省	✓	✓				✓					✓	✓	✓		✓		✓	✓			9	45%
山东省				✓						✓	✓	✓		✓	✓		✓	✓			8	40%
江西省			✓							✓		✓		✓	✓		✓	✓			7	35%
宁夏回族自治区	✓		✓	✓						✓	✓	✓		✓	✓		✓	✓			10	50%
共计	5	5	3	2	0	1	0	0	1	7	5	6	1	6	7	0	6	7	0	1		
出现频率	63%	63%	38%	25%	0	13%	0	0	13%	88%	63%	75%	13%	75%	88%	0	75%	88%	0	13%		

三、数据集排序方式

对数据集进行排列是为了数据集的有序呈现，数据集排序方式主要有按更新时间排列、按下载次数排列、按综合得分排列、按浏览次数排列等，这些排序方式能够帮助用户根据一定规律快速找到所需要的数据集。

按更新时间排序指根据数据更新时间的早晚对数据集进行排序，一般最新发布的数据集排在搜索结果之首。这种排序方式便于用户快速找到最新数据集，但不能区分数据集质量的好坏。按下载次数排序指按数据集被下载次数的多少对数据集进行排序，一般情况下下载次数最多的数据集排在搜索结果最前面。按浏览次数排序指将数据集按浏览次数的多少进行排序，一般浏览次数最多的数据集排在搜索结果最前面。按综合得分排序指按照用户给数据集的综合评分高低对数据集进行排序，评分最高的数据集排在搜索结果最前面。按综合评分排列数据集，可以让用户快速找到质量高的数据集。

8 个省级政府数据开放平台数据集排序方式的统计结果如表 5-10 所示。结果显示，上海市、山东省及宁夏回族自治区的数据集排序方式最多，达到 5 个，广东省和贵州省的数据集排序方式有 4 个，但北京市、浙江省、江西省等地的政府数据开放平台没有明确的数据集排序方式，不利于数据集的有序组织，也不利于用户对数据集的查找和定位。

表 5-10　省级政府数据开放平台数据排序方式列表

省级行政区	数据集排序方式	数量
北京市	无	0
上海市	更新时间/下载次数/综合得分/浏览次数/名称	5
浙江省	无	0
广东省	更新时间/下载量/访问量/评分	4
贵州省	时间/浏览次数/下载次数/评分	4
山东省	更新时间/数据量/访问量/下载量/评分	5
江西省	无	0
宁夏回族自治区	更新时间/数据量/访问量/下载量/评分	5

对各种数据集排序方式的提及次数进行统计，结果如表 5-11 所示。结果表明，更新时间、访问量、下载量以及评分的出现频率最高，提及次数为 5 次，占平台总数的 63%。也有平台按资源名称和数据量对数据集进行排序。又见图 5-2。

表 5-11　省级政府数据开放平台数据集排序方式统计

省级行政区	资源名称	更新时间	数据量	访问量	下载量	调用量	评分	关注度	提供机构	所属主题
北京市										
上海市	✓	✓		✓	✓		✓			
浙江省										
广东省		✓		✓	✓		✓			
贵州省		✓		✓	✓		✓			
山东省		✓	✓	✓	✓		✓			
江西省										
宁夏回族自治区		✓	✓	✓	✓		✓			
共计	1	5	2	5	5	0	5			
出现频率	13%	63%	25%	63%	63%	0	63%	0	0	0

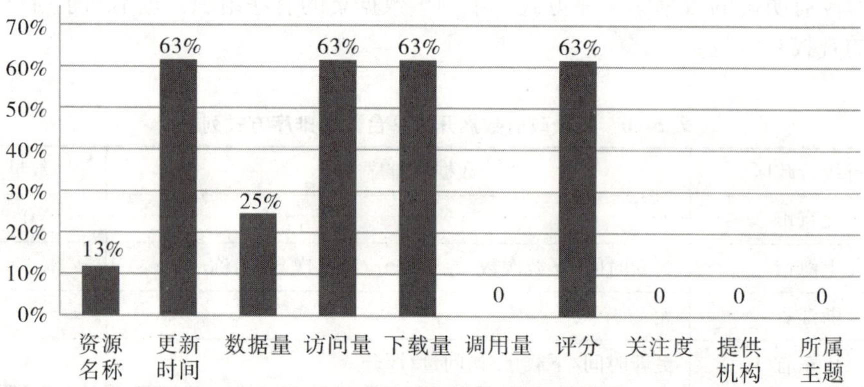

图 5-2　省级政府数据开放平台数据集排序方式统计

四、数据更新

数据更新是对开放数据的动态管理，可以保证数据的及时性和有效性。数据更新方式包括按年/月更新、实时更新、自定义更新等，不同的数据更新方式可以反映政府数据开放平台进行数据动态管理的频率。

对 8 个省级政府数据开放平台的数据更新方式进行统计，结果如表 5-12 所示。北京市政府数据开放平台的数据未标明具体的更新方式，其他 7 个省级政府数据开放平台均标明了数据更新方式。浙江省和山东省政府数据开放平台的更新时间不确定，为“不定期”和“自定义更新”，江西省政府数据开放平台的数据统一为每年更新，上海市、广东省和宁夏回族自治区政府数据开放平台则根据每种数据的性质选择相应的更新方式。

表 5-12　省级政府数据开放平台数据排序方式列表

省级行政区	数据更新方式
北京市	无
上海市	每年/每月
浙江省	不定期
广东省	每月/每年/不定时
贵州省	实时/每年
山东省	自定义
江西省	每年
宁夏回族自治区	实时/每年/自定义

对各平台提及每种数据更新方式的次数进行统计（见表 5-13）发现，按每年/月定期进行数据更新的方式最为普遍，表明省级政府数据开放平台的数据更新机制更多趋于常态化。

表 5-13　省级政府数据开放平台数据更新方式统计

省级行政区	每年/每月	实时	自定义	不定期
北京市				
上海市	✓			
浙江省			✓	
广东省	✓			✓
贵州省	✓	✓		
山东省			✓	
江西省	✓			
宁夏回族自治区	✓	✓	✓	
共计	5	2	3	1
出现频率	63%	25%	38%	13%

第四节 数据服务

数据服务指政府数据开放平台为用户提供的各种服务，为用户熟悉平台功能、获取和使用数据、与平台管理者进行互动、了解相关资讯等提供指导。

一、用户指南

用户指南是帮助用户快速熟悉网站功能和操作流程的重要工具，可以改善用户的使用体验，提高用户的平台使用效率。有无用户指南也是衡量数据开放平台是否完善的一个重要指标。

浏览8个省级政府数据开放平台发现，北京市、上海市、浙江省、贵州省及江西省的政府数据开放平台提供了用户指南，而广东省、山东省、宁夏回族自治区政府的数据开放平台没有提供用户指南。具体见表5-14。

表5-14 省级政府数据开放平台有无数据指南列表

省级行政区	有无用户指南
北京市	有
上海市	有
浙江省	有
广东省	无
贵州省	有
山东省	无
江西省	有
宁夏回族自治区	无

各省级政府数据开放平台提供的用户指南各不相同。北京市用户指南主要包括基本操作指南和API接口使用指南两个部分。基本操作指南以PTF形式呈现，内容较全面，包含了从注册到互动交流各个板块的具体使用方法。上海市的用户指南处于“互动社区”的导航窗格中，名为“用户操作手册”，也以PTF形式呈现。但是该用户指南文件较大，难以下载，影响用户体验。浙江省的用户指南名为“新手指南”，主要包括总体介绍、新手入门以及接入指南三个方面的内容。贵州省用户指南为网页版，简单讲解了搜集数据、使用接口的方法，内容粗略，实际意义不大。

江西省数据开放平台的用户指南位于互动交流的导航栏中，以 PTF 形式呈现，包含了系统大致介绍以及各个板块使用方法的详细介绍。

二、数据获取

数据获取主要考察用户在各政府数据开放平台下载和使用数据的便利程度，包括用户下载和使用数据是否需要注册以及是否收费。我们依次访问了 8 个省级政府数据开放平台，随机选择数据进行下载，以了解各平台下载数据的便捷程度。在访问过程中发现，在 8 个省级政府数据开放平台上下载数据均不收费，但北京市、广东省及江西省的政府数据开放平台上下载数据需要用户进行注册。具体见表 5-15。下载数据需注册给用户添加了一定的麻烦，但同时也有利于平台的安全管理。因此，对于平台数据的下载和使用，各平台应力求在保证有效管理的基础上简化注册程序，以实现双赢。

表 5-15　省级政府数据开放平台数据获取状况

省级行政区	是否收费	是否注册
北京市	否	是
上海市	否	否
浙江省	否	否
广东省	否	是
贵州省	否	否
山东省	否	否
江西省	否	是
宁夏回族自治区	否	否

在需要注册的三个政府数据开放平台中，北京市平台注册需要填写的信息最多，共有 11 项，其中除去固定电话，其他均是必填项。广东省的数据开放平台注册需要填 8 项信息，相较于北京市不需要填写真实姓名、身份证和固定电话。江西省的平台需要填 7 项信息，在三个省级开放平台中需填写的信息最少，相较于广东省和北京市，江西省的新用户注册缺少勾选用户协议选项。具体见表 5-16。用户协议勾选有利于规范人们使用数据的行为，应该成为各省市政府数据开放平台用户注册的一个必要选项。

表 5-16　需注册的省级政府数据开放平台所需信息

省份	注册信息
北京市	用户名、密码、重复密码、真实姓名、身份证、称呼、移动电话、固定电话、电子邮箱、验证码、用户协议勾选
广东省	用户名、密码、确认密码、联系方式、邮箱、手机、验证码、用户协议勾选
江西省	用户类型、用户名、真实姓名、密码、确认密码、电子邮箱、验证码

三、数据应用

数据应用是数据开放的最终目的，是数据产生二次价值的重要途径。8 个省级政府数据开放平台都提供了多种数据应用方式，主要包括以下三种：①应用程序编程接口(API)，指数据开放平台向用户提供的，通过 Web 方式调取数据资源静态文件的接口;① ②数据应用，指基于平台的开放数据开发的各类可以直接应用的 App；③数据工具，用来进行数据分析、数据搜索、数据可视化等。各平台均提供了应用程序编程接口(API)，除江西省外其他平台均提供了各类应用。提供数据开发工具的平台有四个，分别为北京市、上海市、贵州省和宁夏回族自治区的平台。除了浙江省和江西省，其他省级政府数据开放平台均提供数据工具。具体见表 5-17。

表 5-17　省级政府数据开放平台数据应用状况

省级行政区	API	应用	工具
北京市	有	有	有
上海市	有	有	有
浙江省	有	有	无
广东省	有	有	无
贵州省	有	有	有
山东省	有	有	无
江西省	有	无	无
宁夏回族自治区	有	有	有

① 余奕昊，李卫东. 我国地方政府数据开放平台现状、问题及优化策略——基于 10 个地方政府数据开放平台的研究[J]. 电子政务，2018(10)：99-114.

对各省级政府数据开放平台的应用个数、工具个数以及 API 个数进行统计，制成表 5-18。从表 5-18 可知，上海市政府数据开放平台的应用个数最多，达到 89 个。其次是广东省政府数据开放平台，提供了 81 个应用。北京市与山东省平台的应用数量相当，分别为 42 个和 43 个。除去没有提供应用的江西省，浙江省政府数据开放平台提供的应用数量最少，仅有 1 个。

提供工具的平台较少，仅有 3 个，分别为北京市、上海市及贵州省的政府数据开放平台。其中，贵州省平台提供的工具个数最多，有 6 个。北京市位于第二位，提供了 5 个工具。最后是上海市，提供了 3 个工具。

关于各平台的 API 个数，北京市虽然提供了很多种类的接口，且数量较大，但由于其平台上没有统计总的接口个数，因此无法与其他平台进行对比。另外的几个省级政府数据开放平台中，山东省平台提供的接口数最多，达到 68127 个。贵州省平台位于第二位，提供了 1427 个接口。随后是上海市、浙江省和广东省平台，分别提供了 651 个、405 个和 82 个接口。江西省平台提供的接口数最少，仅有 1 个。

表 5-18　省级政府数据开放平台数据应用状况

省级行政区	应用个数	工具个数	API 个数
北京市	42	5	无具体个数
上海市	89	3	651
浙江省	1	无	405
广东省	81	无	82
贵州省	24	6	1427
山东省	43	无	68127
江西省	无	无	1
宁夏回族自治区	14	无	11

我们还对各个平台的应用类型进行了调查，通过表 5-19 列举了典型的应用类型。可以发现，各个平台的应用类型各有侧重，除了覆盖基本的民生问题之外，还包含了电子政务、应急等多个方面。另外，不同地区还有体现自身地区特色的应用，例如上海提供的水务海洋的应用。

表 5-19　省级数据开放平台应用类型统计

省份	应用类型
北京市	交通、水利、应急、教育、运动、智慧政府、能源等
上海市	从业资格、早餐网点、企业注册、水务海洋、农产品、国贸等
浙江省	政务服务
广东省	交通、市场、文化、建设、应急、旅游、环境、食品等
贵州省	电影电视、天气、农产品、文件、乡村、企业、审批、公积金等
山东省	环境、城市、公积金、公交、住房、交通、贷款等
江西省	无
宁夏回族自治区	天气、公交、就业、医疗、旅游、民生服务、家庭缴费等

四、交流互动

交流互动指政府数据开放平台管理者与用户就平台的相关问题进行沟通，能够提高用户的积极性和参与度，也能为管理者发现问题、完善平台功能提供参考。8个省级政府数据开放平台均设置了多种与用户交流互动的方式，包括问卷调查、咨询建议、需求调查、问题纠错等。其中，北京市和广东省的政府数据开放平台提供的交互方式最多，达到6种。浙江省位于第二位，有5种交互方式。上海市、贵州省、山东省、宁夏回族自治区的交互方式最少，仅有2种。具体见表5-20。

在多种互动交流的方式中，问卷调查主要是调查用户的体验情况，了解用户的需求，以作为完善数据开放平台的依据。例如北京市发布多个调查问卷，对网站的易用性、政务资源开放需求及数据分析、可视化需求进行调查。此外，上海市设置的需求调查板块，即是通过用户填写需求的名称、分类等来进行搜集。广东省设置了意见征询板块，用户通过填写完善平台建议的表格以及应用需求的表格就可表达自己的需求。贵州省的咨询页面相对简单，仅需要填写自己咨询的标题以及具体描述，随后进行提交即可。

由表5-21可以发现，问卷调查与咨询建议是出现频率最高的交互方式。除几种基本的交互方式之外，北京市、浙江省及广东省的数据开放平台均设置了自己的特色交互方式。例如北京市在交互中介绍了本市的特色活动，浙江省设置了AI客服，广东省在交互中推广本地区的小程序，这些特色交互方式都将有利于数据开放的进一步实行。

表 5-20 省级政府数据开放平台交互方式状况

省级行政区	交互方式	数量
北京市	问卷调查/历届活动/咨询建议/常见问题/提交 App 应用/建议增加的数据类型	6
上海市	调查问卷/需求调查	2
浙江省	AI 客服/咨询投诉/我要纠错/移动端/常见问题	5
广东省	留言咨询/数据申请/纠错/意见征集调查问卷/官方微信公众号/粤省事小程序	6
贵州省	微信二维码/咨询	2
山东省	咨询建议/需求调查	2
江西省	常见问题/咨询建议/调查问卷	3
宁夏回族自治区	咨询建议/需求调查	2

统计各种交互方式的出现频率发现，咨询建议的出现频率最高，客服和移动端的出现频率最低。具体见表 5-21。可见，各数据开放平台交互方式的出现频率以及交互方式覆盖率的差别较大，需要进一步统一与完善。

表 5-21 省级政府数据开放平台交互方式统计

省级行政区	问卷调查	咨询建议	问题纠错	客服	移动端	App 应用	微信公众号	个数
北京市	✓	✓	✓			✓		4
上海市	✓	✓						2
浙江省		✓	✓	✓	✓			4
广东省	✓	✓	✓			✓	✓	5
贵州省		✓					✓	2
山东省	✓	✓						2
江西省	✓	✓	✓					3
宁夏回族自治区	✓	✓						2
共计	6	8	4	1	1	2	2	
出现频率	75%	100%	50%	13%	13%	25%	25%	

五、数据资讯

省级政府数据开放平台提供的数据开放资讯一般是最新或最热信息，主要包括最新数据、最热接口、法律法规、新闻动态、网站简介等内容。在统计的8个省级政府数据开放平台中，有资讯一栏和无资讯一栏的平台各占了50%。见表5-22。可见资讯的覆盖广度还不够。设置资讯一栏不仅可以将最新的数据直观地呈现出来，同时还增加了数据开放平台的活力。因此，各平台设置资讯一栏，完善数据开放平台的功能是必须的。

表5-22　省级政府数据开放平台数据资讯统计

省级行政区	有无数据资讯
北京市	无
上海市	有
浙江省	无
广东省	有
贵州省	有
山东省	有
江西省	无
宁夏回族自治区	无

本章小结

在收集和整理平台相关数据和资料的基础上，本章就8个省级政府数据开放平台的基本概况、数据资源、数据组织、数据服务等进行了深入研究，展示了省级政府数据开放平台的发展现状。

平台概况方面，各省级政府数据开放平台的命名方式有很大不同，有的平台名称指向性不强，东、中、西部都有省级政府建立了数据开放平台；数据资源方面，部分平台未提供数据集数量或单条数据总量，各平台提供的数据数量差别较大，数据分类方式存在明显差异，数据格式也并不统一；数据组织方面，各省级政府数据开放平台的数据主题、元数据要素、数据排序方式、更新方式各不相同，差异较大；数据服务方面，各省级政府数据开放平台都为用户提供了多种形式的数据服务，详尽的用户指南、开放的数据获取方式、多样的数据应用和交流互动方式、丰富的数据资讯等。

由此可见，各省级政府数据开放平台的建设已有一定成效，提供了多种多样的平台功能和服务。由于国家层面的政府数据开放统一平台尚未建立，各省级政府对于如何建设和管理政府数据开放平台并没有形成统一范式和标准，所以各个平台的功能设置、数据要求等都不尽相同，发展程度、进度参差不齐。

第六章　副省级及以下城市政府数据开放平台

本章对我国副省级及以下城市政府数据开放平台进行了研究，重点关注政府数据开放平台以下几个方面的特征：第一，平台概况，即平台名称、网址、所属城市行政级别等平台基本属性；第二，数据资源，即开放平台中的数据提供量、分类、格式和标签等内容；第三，数据组织与检索，即用户在检索数据时所利用的特征，包括数据排序方式等；第四，数据服务，即用户在访问数据开放平台时与平台产生的互动。

通过网站访问、百度搜索等方式，发现共有22个副省级及以下城市建立了政府数据开放平台，分别是广州市、深圳市、东莞市、佛山市、惠州市、江门市、珠海市、梅州市、肇庆市、中山市、扬州市、无锡市、武汉市、荆门市、长沙市、宁波市、贵阳市、济南市、青岛市、苏州市、哈尔滨市、湛江市。本章对这22个副省级及以下城市政府数据开放平台进行了深入研究，从平台概况、数据资源、数据组织与检索、数据服务四个方面对副省级及以下城市政府数据开放平台的发展现状进行了描述。

第一节　平台概况

表6-1展示了22个副省级及以下城市政府数据开放平台的基本概况，包括平台名称、所属城市、所属地区、行政级别、平台上线时间、平台网址。需要注明的是，大部分数据开放平台会在网站简介处注明本站创建于某年某月，但也有一部分没有明确指出，鉴于此，我们以网站首次上传数据的时间作为其上线时间。但即使是这样，我们也没有找到长沙市、济南市和青岛市的政府数据开放平台上线时间，仅能将其标注为“—”。

表6-1　副省级及以下城市政府数据开放平台概况

城市	平台名称	所属地区	行政级别	上线时间	网址
广州市	广州市政府数据统一开放平台	东部	副省级	2016.10	http://www.datagz.gov.cn

续表

城市	平台名称	所属地区	行政级别	上线时间	网址
深圳市	深圳市政府数据开放平台	东部	副省级	2015.8	http://opendata.sz.gov.cn
东莞市	数据东莞	东部	地级	2015	http://dataopen.dg.gov.cn/dataopen
佛山市	佛山市数据开放平台	东部	地级	2017.3	http://www.fsdata.gov.cn
惠州市	开放惠州	东部	地级	2018.3	http://data.huizhou.gov.cn
江门市	开放江门	东部	地级	2017.9	http://data.jiangmen.gov.cn
珠海市	珠海市民生数据开放平台	东部	地级	2017.12	http://data.zhuhai.gov.cn
梅州市	梅州市政府开放数据平台	东部	地级	2015.3	https://www.meizhou.gov.cn/opendata
肇庆市	肇庆市数据开放	东部	地级	2015.8	http://www.zhaoqing.gov.cn/sjkf
中山市	中山市政府数据统一开放平台	东部	地级	2017.7	http://zsdata.zs.gov.cn/web/index
扬州市	扬州政务数据服务网	东部	地级	2015.11	http://data.yangzhou.gov.cn
无锡市	无锡市政府数据服务网	东部	地级	2014.7	http://etc.wuxi.gov.cn/opendata
武汉市	武汉市政务公开数据服务网	中部	副省级	2015.4	http://www.wuhandata.gov.cn/whData
荆门市	荆门市人民政府数据公开	中部	地级	2016.1	http://data.jingmen.gov.cn
长沙市	长沙市政府门户网站数据开放平台	中部	地级	—	http://www.changsha.gov.cn/data
宁波市	宁波市政府数据服务网	东部	副省级	2017.3	http://www.datanb.gov.cn
贵阳市	贵阳市政府数据开放平台	西部	地级	2017.1	http://www.gyopendata.gov.cn

续表

城市	平台名称	所属地区	行政级别	上线时间	网址
济南市	济南市公共数据开放网	东部	副省级	—	http://www.jndata.gov.cn
青岛市	青岛市公共数据开放网	东部	副省级	—	http://data.qingdao.gov.cn
苏州市	苏州市政府数据开放平台	东部	地级	2017.11	http://www.suzhou.gov.cn/dataOpenWeb
哈尔滨市	哈尔滨市政府数据开放平台	中部	副省级	2016.12	http://data.harbin.gov.cn/odweb/index.htm
湛江市	湛江市政府数据服务网	东部	地级	2012.12	http://data.zhanjiang.gov.cn

自2012年12月湛江建成了国内首个副省级及以下城市政府数据开放平台后，其他城市也迅速跟进，纷纷建立了政府数据开放平台。图6-1显示，在2012年到2018年间，副省级及以下城市政府数据开放平台数量不断增长，截至2018年年末已达到22个。其中2017年建成的副省级及以下城市政府数据开放平台的数量最多，达到7个。从国家政策导向来看，国务院于2015年8月发布的《促进大数据发展行动指南》和中央全面深化改革小组于2017年2月通过的《关于推进公共信息资

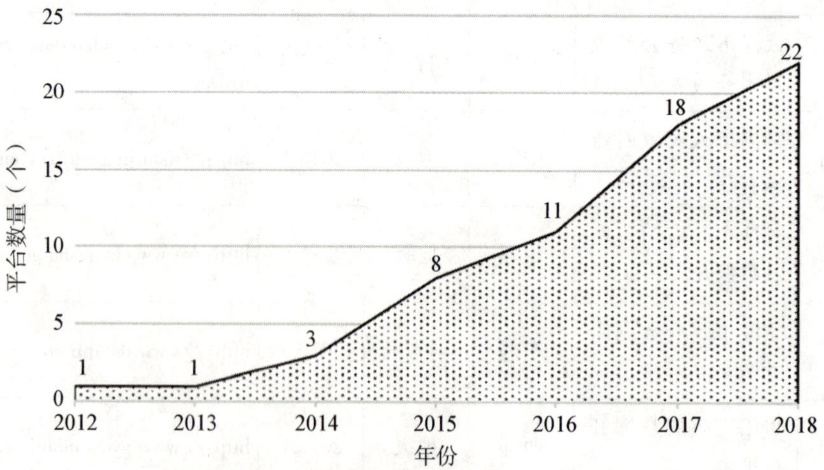

图6-1　已开通的副省级及以下城市政府数据开放平台数量

源开放的若干意见》对地方政府数据开放的实践有较大的激励作用，特别是《促进大数据发展行动指南》提出2018年年底要建立国家层面的政府数据开放统一平台，凸显了国家对数据开放的重视程度。

从平台归属地地域分布上看，以东部地区为主。目前已建立政府数据开放平台的副省级及以下城市中，属于东部地区的占据了总数的77%。其次为中部地区，约占18%。西部地区只有一个城市建立了政府数据开放平台。具体见图6-2。西部地区经济水平和信息化程度相对落后，对数据开放的重视程度可能相对较低，东部地区经济发达，信息化程度较高，已有多个副省级及以下城市开始了政府数据开放的探索。

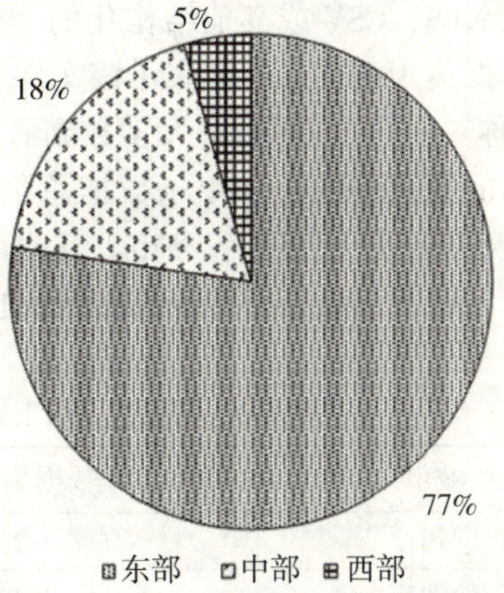

图6-2　副省级及以下城市政府数据开放平台分布区域

从行政级别上看，15个数据开放平台所属城市的行政级别为地级市，归属城市为副省级城市的数据开放平台数量约为其1/2。但考虑到全国地级市总数为300多个，而副省级城市仅有15个，因此可以认为，副省级城市建立政府数据开放平台的占比更大。副省级城市行政级别较高，对国家政策的响应效率也更高。从整体上看，我国副省级及以下城市中，建立了政府数据开放平台的城市的比例仍然较低，并不能满足企业、科研机构、公众等日益增长的数据需求。

在搜索副省级及以下城市政府数据开放平台的过程中发现，部分城市的政府数据开放平台的建设有赖于浪潮集团的帮助，比如广州、青岛、佛山等，反映出企业在推动地方政府数据开放平台建设的过程中起到了重要作用。相比于政府，以盈利为目的的企业更有动力推动数据开放，企业也是重要的数据生产者和使用者，在长期发展过程中积累了较多的数据管理技术和经验。政府和企业共同参与数据开放平台的建设，有利于发挥各自的优势，提高数据开放平台建设的质量和效率。在合作过程中，政府需要对企业参与数据管理的相关风险进行评估和防范，比如数据泄露、数据篡改等。

第二节　数据资源

本节主要讨论副省级及以下城市政府数据开放平台提供的数据资源及其特征，重点关注数据数量、数据分类和数据格式等内容。

一、数据数量

单条数据是数据开放的最基本单元，而数据集则是由单条数据构成的集合，它往往以 XLS、CSV 或其他结构化的文件形式被发布在数据开放平台上。以 XLS 格式的数据集为例，每一列表示该文件所展现数据的一个维度，每一行则表示一条数据(或称一个样本单元)。大多数副省级及以下城市政府数据开放平台会注明本平台收录的数据集数量和单条数据总量。梅州市、湛江市、扬州市、无锡市、荆门市、长沙市、济南市、青岛市、苏州市只提供了数据集数量，没有提供单条数据总量；肇庆市既没有提供数据集数量，也没有提供单条数据总量。具体见表 6-2。

表 6-2 副省级及以下城市政府数据开放平台数据数量

城市	数据集数量	单条数据总量
广州市	1 259	50 860 536
深圳市	1 487	127 589 452
东莞市	783	44 369 587
佛山市	1 071	45 078 521
惠州市	281	2 957 428
江门市	462	870 000
珠海市	211	—
梅州市	35	—
肇庆市	—	—
中山市	260	1 641 795
扬州市	1 484	—
无锡市	1 422	—
武汉市	2 219	116 194
荆门市	487	—
长沙市	509	—
宁波市	426	1 429 873
贵阳市	3 041	6 180 785
济南市	1 520	—
青岛市	2 555	—
苏州市	211	—
哈尔滨市	1 066	5 172 837
湛江市	34	—

22 个副省级及以下城市政府数据开放平台发布数据集数量平均约为 991 个，接近 1000。其中，除没有公布数据集数量的肇庆市外，其余城市发布数据集数量超过 2000 的有 3 个，分别为贵阳市、青岛市和武汉市，超过 1000 而未超过 2000 的有 7 个城市，包含哈尔滨市、佛山市、广州市、无锡市、扬州市、深圳市、济南市，而低于 1000 的有 11 个城市，包含湛江市、梅州市、苏州市、珠海市、中山市、惠州市、宁波市、江门市、荆门市、长沙市、东莞市。统计范围内的副省级及以下城市政府数据开放平台发布的数据集数量差异较大，长沙市、荆门市、江门市、宁波市、惠州市、中山市、珠海市、苏州市、梅州市和湛江市发布的数据集数量相对较少，这 10 个城市的数据集数量之和仅约等于贵阳一个市的数据集数量。湛江市和梅州市所发布的数据集数量甚至没有达到 50 个。具体见图 6-3。总体来说，副省级及以下城市政府数据开放的力度还需加大，以满足日益增长的数据需求。

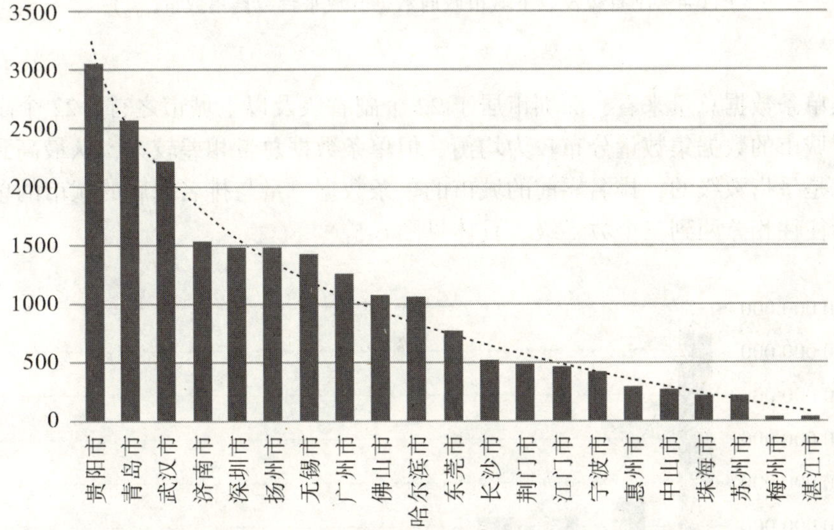

图 6-3　副省级及以下城市政府数据开放平台数据集数量(一)

通过进一步分析发现，随着城市行政级别的提高，数据开放平台所公开的数据集数量呈递增趋势。在不考虑少数噪点的情况下，图 6-4 的指数曲线很好地拟合了这一趋势。导致此现象的主要原因可能有以下三点：其一，行政级别较高的城市规模较大、管辖范围较广、经济较为发达，广阔的地域空间、庞大的人口数量、较高的信息化程度、更广的政府职能为海量数据的产生提供了基础；其二，一般来说，行政级别越高的城市对国家政策的反应时间越短，在中央政府提出建立国家层面的政府数据开放统一平台之后，行政级别较高的城市响应较迅速；其三，在政策执行过程中，行政级别较高的城市政府权力更高，号召力更强，更容易推动数据开放相关工作，横纵政府部门间的协同效率更高。

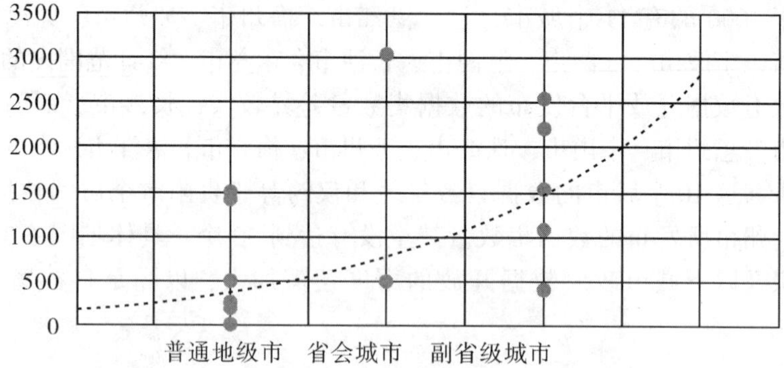

图 6-4　副省级及以下城市政府数据开放平台数据集数量(二)

从单条数据总量来看，深圳市居于 22 个副省级及以下城市之首。22 个副省级及以下城市的数据集数量分布较为均衡，但单条数据总量相差较大，从最高到最低的下降是呈指数级的，排名靠前的城市的单条数据总量与排名靠后的城市的单条数据总量往往相差两到三个数量级。具体见图 6-5。

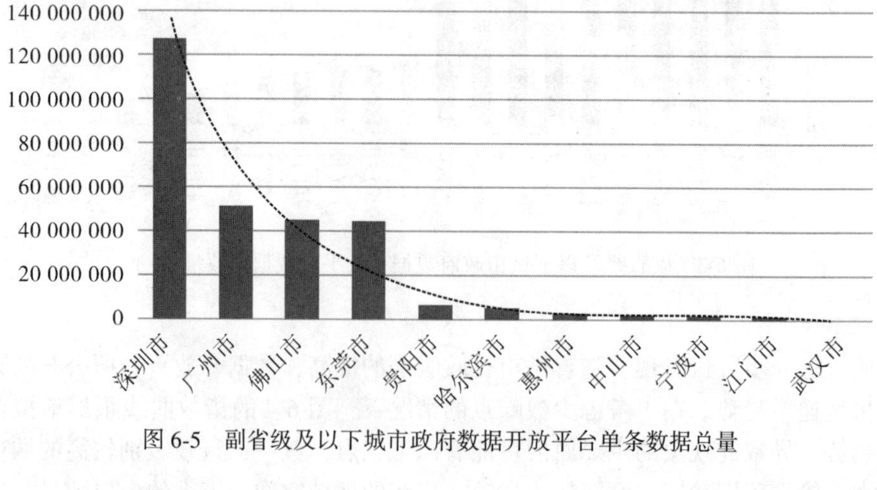

图 6-5　副省级及以下城市政府数据开放平台单条数据总量

此外，从数据集数量和单条数据总量的对比来看，虽然武汉市政府数据开放平台提供的数据集数量排名位于 22 个城市中的第 3 位，但其提供的单条数据总量相对较少；而惠州市政府数据开放平台提供的数据集数量较少，只有200多个，但单条数据总量较大，达到近300万个。以上两个例子表明，各个政府数据开放平台提供的数据集数量和单条数据总量之间的比例差异较大。

二、数据分类方式

科学合理的数据分类方式能够提高数据管理的效率，帮助用户进行数据查找和定位。除了梅州市以外，统计范围内的其他副省级及以下城市政府数据开放平台都有相应的数据分类方式。从统计结果(见图6-6)来看，这些平台提供的数据分类标准主要有数据主题(领域)、部门(机构)、行业、服务、地区和数据形态(包括数据类型、数据格式、数据时间等)。

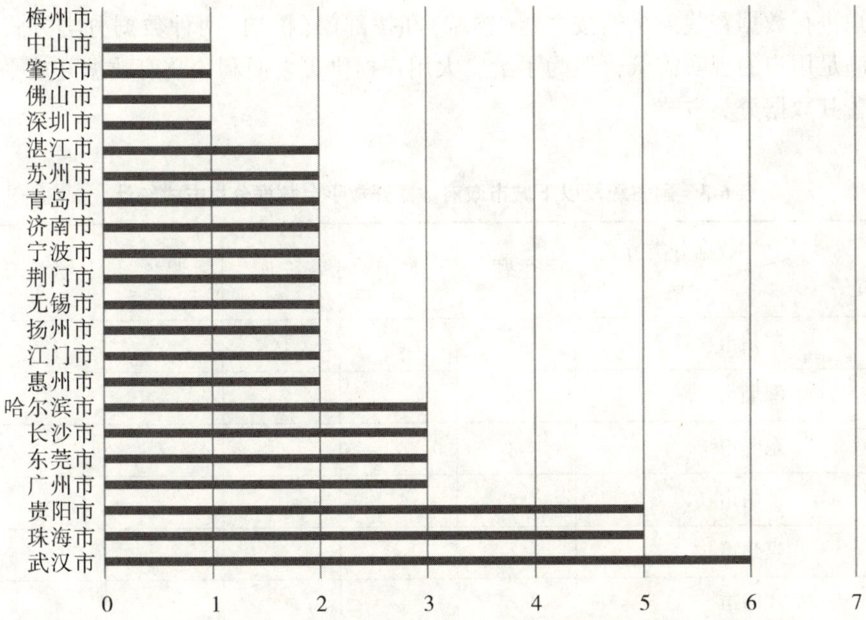

图6-6　副省级及以下城市政府数据开放平台数据分类方式数量

从数据分类方式的数量来看，武汉市、珠海市和贵阳市的数据分类方式较多，分别为6种、5种、5种。大多数城市政府数据开放平台的数据分类方式为2~3种，只有中山市、肇庆市、佛山市和深圳市为1种，这四个城市的平台的数据分类方式都为按主题(领域)划分。

通过对各数据分类方式使用情况的统计(见表6-3)发现，约有95%的政府数据开放平台都采用了按主题(领域)分类的方式，而采用按部门分类的方式的约有

77%。各政府数据开放平台基本都采用了按主题(领域)和按部门(机构)两种数据分类方式，较少平台还提供了按行业、服务和数据形态分类的数据分类方式。广州市、珠海市、贵阳市、哈尔滨市提供了行业分类，东莞市、珠海市、贵阳市提供了服务分类，武汉市、长沙市还提供了多种数据形态的分类。按行业对数据进行分类，可以引导特定行业的企业和个人快速找到涉及自身行业的数据资源；按服务对数据进行分类，有利于用户根据自身的服务需求找到相应数据；按数据形态进行分类，则便于应用开发者找到所需数据格式或者数据类型的数据。值得注意的是，东莞市从用户角度出发，区分了用户的性质，提供按照场景(人)/场景(企业)进行数据分类的方式。这种分类方式明确地区分和引导数据开放平台的不同用户，可以提升用户的使用体验和使用效率。

一个数据开放平台的数据分类方式越丰富，越有利于管理者进行数据管理，以及用户进行数据查找。虽然按主题(领域)和按部门(机构)两种数据分类方式基本能够满足用户的现实需求，但为了给广大用户提供更多便利，政府数据开放平台还需完善其数据分类方式。

表 6-3 副省级及以下城市政府数据开放平台数据分类方式统计

数据分类方式 / 城市	主题	部门	行业	服务	数据形态
广州市	✓	✓	✓		
深圳市	✓				
东莞市	✓	✓		✓	
佛山市	✓				
惠州市	✓	✓			
江门市	✓	✓			
珠海市	✓	✓	✓	✓	
梅州市					
肇庆市	✓				
中山市	✓				
扬州市	✓	✓			
无锡市	✓	✓			
武汉市	✓	✓			✓

续表

城市 \ 数据分类方式	主题	部门	行业	服务	数据形态
荆门市	✓	✓			
长沙市	✓	✓			✓
宁波市	✓	✓			
贵阳市	✓	✓	✓	✓	
济南市	✓	✓			
青岛市	✓	✓			
苏州市	✓	✓			
哈尔滨市	✓	✓	✓		
湛江市	✓	✓			
共计	21	17	4	3	2
占比	95%	77%	18%	13%	9%

三、数据格式

数据格式指政府数据开放平台为存储和开放特定信息而采用的对数据的特殊编码方式，换言之，即文件名的后缀。从数据结构看，数据可分为两种：一类是非结构化数据，如DOC、PDF等，它只能供用户浏览相应信息，但不能被脚本或软件很好地识别；另一类是结构化数据，如XLS、CSV等，开发者和用户能够利用各种工具处理结构化数据。在大数据迅猛发展的背景下，为了更好地服务广大用户，政府数据开放平台应当尽可能发布结构化数据，方便用户的阅读、处理和二次利用。统计结果显示，22个副省级及以下城市政府数据开放平台都提供了不止一种的数据格式，有的多达4种，最少的也有2种。

对22个副省级及以下城市政府数据开放平台提供的数据格式进行分类统计，结果如表6-4所示。虽然统计范围内的所有政府数据开放平台都提供了结构化的数据，但有些平台仍提供了一些非结构化数据。以武汉市为例，其政府数据开放平台提供了XLS、XLSX、CSV、JPG、PDF等五种格式的数据，JPG和PDF格式的数据难以被程序识别，数据提供方可以在之后的维护过程中将其转化为更有利于用户操作的CSV等结构化格式。结构化数据与非结构化数据的并存可能带来数据批量操作的困难，降低用户获取和使用数据的效率。

表 6-4　副省级及以下城市政府数据开放平台数据格式统计

城市＼数据格式	XLS/XLSX	CSV	XML	JSON	DOC/DOCX	JPG	ZIP	WEB	PDF
广州市	✓	✓	✓	✓					
深圳市		✓		✓					
东莞市	✓			✓					
佛山市	✓	✓	✓	✓					
惠州市	✓	✓	✓	✓					
江门市	✓	✓	✓	✓					
珠海市	✓	✓	✓	✓					
梅州市	✓				✓				✓
肇庆市	✓			✓					
中山市	✓	✓		✓					
扬州市	✓				✓				
无锡市	✓							✓	
武汉市	✓	✓				✓			✓
荆门市	✓				✓				
长沙市	✓		✓				✓		
宁波市	✓	✓	✓	✓					
贵阳市	✓	✓	✓						
济南市	✓	✓	✓	✓					
青岛市	✓	✓	✓	✓					
苏州市	✓								
哈尔滨市	✓	✓	✓	✓					
湛江市	✓				✓		✓		
共计	21	12	10	12	3	1	1	1	2

统计发现，发布纯结构化数据的政府数据开放平台有 15 个，分别是广州市、深圳市、东莞市、佛山市、惠州市、江门市、珠海市、肇庆市、中山市、宁波市、贵阳市、济南市、青岛市、苏州市、哈尔滨市的平台，约占总平台量的 68%。以上城市政府数据开放平台提供的数据以 XLS、CSV、XML 和 JSON 等结构化数据为

主，这反映出平台管理者在数据发布过程中对数据格式的重视，希望数据能够被用户有效利用，提升数据的价值。剩余的城市政府数据开放平台混合采用结构化和非结构化数据格式，两种类型的数据都提供。

在非结构化数据的处理中，ZIP、RAR 等格式的数据是比较容易转化为格式化数据的，管理者只需规范数据发布格式，并重新将压缩文件解压至原始形态即可。但要想实现 JPG、PDF 等非结构化数据向结构化数据转换，则需要耗费巨大的人力和物力，转换的效果也可能欠佳。在建设政府数据开放平台的过程中，应当从源头改进，规定数据提供方以结构化格式提供和上传数据，避免数据格式差异导致的后续数据使用和整合的困难。

第三节　数据组织

本节主要讨论 22 个副省级及以下城市政府数据开放平台数据资源的组织和检索方式，重点关注数据主题、元数据、数据排序方式和更新检索方式等内容。

一、数据主题

数据主题是重要的数据分类维度，它的全面性反映了政府数据开放平台所提供数据的广度。政府数据开放平台发布的数据应尽可能涉及社会生活的方方面面，除了要发布较易获取、数据量大、公众需求度高的主题数据外，也应当发布能够满足特定人群需求的主题数据，如宗教事务等主题的数据。对 22 个副省级及以下城市政府数据开放平台的数据主题进行摘录和统计，结果如表 6-5 所示。数据显示，贵阳市政府数据开放平台的数据主题最多，达到 38 个。大多数城市提供的数据主题数量为 10~20 个，只有梅州市、苏州市和湛江市提供的数据主题少于 10 个。总体来看，22 个副省级及以下城市政府数据开放平台提供的数据主题各不相同，且差异较大。

表 6-5　副省级及以下城市政府数据开放平台数据主题列表

城市	数据主题	数量
广州市	经济发展、城市建设、道路交通、教育科技、民生服务、企业服务、健康卫生、资源环境、文体娱乐、机构团体、公共安全、农业农村、财税金融、劳动人事、信用服务、社会发展	16
深圳市	交通运输、机构团体、金融财税、公共安全、医疗卫生、城建住房、社保就业、信用服务、文化休闲、教育科技、生态资源、民生服务、政策法规、工业商贸	14

续表

城市	数据主题	数量
东莞市	资源环境、经济建设、文化休闲、卫生健康、教育科技、道路交通、机构团体、民生服务、社会发展、公共安全、城市建设、社会资源	12
佛山市	资源环境、经济建设、科学教育、道路交通、社会发展、公共安全、城市建设、机构团体、社会资源、民生服务、卫生健康、文化休闲	12
惠州市	资源环境、教育科技、民生服务、机构团体、社会发展、公共安全、社会资源、卫生健康、文化休闲、经济建设、城市建设、道路交通	12
江门市	气候环境、教育科技、信用服务、政府机构、社会发展、公共安全、卫生健康、农业海洋、娱乐消费、财税金融、工业制造、交通运输	12
珠海市	公共安全、社会发展、经济建设、企业服务、信用服务、劳动人事、生态文明、财税金融、三农服务、教育科技、政府机构、卫生健康、交通运输	13
梅州市	政务数据、政务公报	2
肇庆市	经济建设、资源环境、公共安全、文化休闲、教育科技、道路交通、卫生健康、民生服务、社会发展、城市建设	10
中山市	资源环境、经济建设、教育科技、道路教育、文化休闲、卫生健康、民生服务、机构团体、城市建设、社会发展、社会资源、公共安全	12
扬州市	经济建设、资源环境、教育科技、道路交通、社会发展、卫生健康、文化休闲、城市建设	8
无锡市	旅游住宿、交通服务、医疗健康、文体娱乐、生活安全、宗教信仰、教育科研、社会保障、劳动就业、生活服务、房屋住宅、政府机构与社会团体、环境与资源保护、企业服务、农业农村	15
武汉市	经济发展、政府机构、公共服务、能源环境、农业农村、教育科技、交通服务、医疗卫生、文化娱乐、法律服务、金融服务、公共安全	12
荆门市	经济建设、资源环境、教育科技、道路交通、社会发展、公共安全、文化休闲、卫生健康、民生服务、机构团体、城市建设、信用服务	12
长沙市	交通运输、城市管理、土地管理、民生服务、建设工程、生育收养、社保就业、学校教育、城建住房、医疗卫生、政府公报	11

续表

城市	数据主题	数量
宁波市	综合政务、经济管理、国土资源及能源、工业交通、信息产业、城乡建设、环保保护、农业水利、财政、商业贸易、文化休闲、卫生体育、气象水文测绘地震、对外事务、政法监察、教育科技、民生服务、行政文秘、综合党团、综合类	20
贵阳市	综合政务、经济管理、国土资源、能源、工业、交通、邮政、信息产业、城乡建设、环境保护、农业、水利、财政、商业、贸易、旅游、服务业、气象、水文、测绘、地震、对外事务、政法、监察、科技、教育、文化、卫生、体育、军事、国防、劳动、人事、民政、社区、文秘、行政、综合党团	38
济南市	信用、交通运输、社会保障、地理、教育、生态环境、金融、医疗、卫生、就业、文化、科技、资源、农业、安全监管、质量、统计、气象、海洋、企业登记监管	20
青岛市	信用、交通运输、社会保障、地理、教育、生态环境、金融、医疗、卫生、就业、文化、科技、资源、农业、安全监管、质量、统计、气象、海洋、企业登记监管	20
苏州市	医疗健康、社会保障、价格监督、信用体系、城乡建设、政务服务、经济建设、教育科研、其他	9
哈尔滨市	公共安全、民生服务、经济建设、文体休闲、教育科技、卫生健康、农业农村、资源环境、道路交通、社会发展、机构团体、城市建设、信用服务、财税金融	14
湛江市	房地产、城乡规划、公安、工商、商贸综合、交通运输、统计	7

22个副省级及以下城市政府数据开放平台的数据主题分类方式各异，没有统一的标准，无法直接进行横向比较。沿用本书第五章考察省级政府数据开放平台的方式，在国务院规定的政府信息公开目录的基础上对政府数据开放领域进行了分类，包括以下16个指标：①综合政务；②经济发展、财政、金融、审计；③国土资源、能源；④农业、林业、水利；⑤工业、交通；⑥商贸、海关、旅游；⑦市场监管、安全生产监管；⑧城乡建设、环境保护；⑨科技、教育；⑩文化、广电、新闻出版；⑪卫生、体育；⑫人口与计划生育、妇女儿童工作；⑬劳动、人事、监察；⑭公安、安全、司法；⑮民政、扶贫、救灾；⑯民族、宗教。根据这16个指标(对应16个编号)对22个副省级及以下城市政府数据开放平台提供的数据主题

进行分类统计，结果如表 6-6 所示。

表 6-6　副省级及以下城市政府数据开放平台数据主题统计

城市	数据主题编号																主题覆盖量
	①	②	③	④	⑤	⑥	⑦	⑧	⑨	⑩	⑪	⑫	⑬	⑭	⑮	⑯	
广州市	✓	✓	✓		✓			✓	✓	✓	✓		✓	✓	✓		11
深圳市	✓	✓	✓		✓			✓	✓	✓	✓		✓	✓	✓		11
东莞市	✓	✓	✓		✓			✓	✓	✓	✓			✓	✓		10
佛山市	✓	✓	✓		✓			✓	✓	✓	✓			✓	✓		10
惠州市	✓	✓	✓		✓			✓	✓	✓	✓			✓	✓		10
江门市	✓	✓		✓	✓			✓	✓	✓	✓			✓			9
珠海市	✓	✓		✓	✓			✓	✓		✓		✓	✓			9
梅州市	✓																1
肇庆市	✓	✓	✓		✓			✓	✓	✓	✓			✓	✓		10
中山市	✓	✓	✓		✓			✓	✓	✓	✓			✓	✓		10
扬州市	✓	✓	✓		✓			✓	✓	✓	✓						8
无锡市	✓		✓	✓	✓	✓		✓	✓	✓	✓		✓	✓	✓	✓	13
武汉市	✓	✓	✓	✓	✓			✓	✓	✓	✓			✓			10
荆门市	✓	✓	✓		✓			✓	✓	✓	✓			✓	✓		10
长沙市	✓				✓			✓	✓		✓	✓	✓		✓		8
宁波市	✓	✓	✓	✓	✓	✓		✓	✓	✓	✓		✓		✓		12
贵阳市	✓	✓	✓	✓	✓	✓		✓	✓	✓	✓		✓		✓		12
济南市	✓	✓	✓	✓	✓		✓	✓	✓	✓	✓		✓				11
青岛市	✓	✓	✓	✓	✓		✓	✓	✓	✓	✓		✓				11
苏州市	✓	✓					✓	✓	✓		✓		✓				7
哈尔滨	✓	✓	✓	✓	✓			✓	✓	✓	✓			✓	✓		11
湛江市	✓				✓	✓		✓						✓			5
城市覆盖量	22	18	16	9	20	4	3	21	20	17	20	1	10	14	13	1	

这里提出主题覆盖量、主题覆盖率的概念。主题覆盖量指的是依据国务院标准，某一特定城市数据开放平台数据主题的总量，而主题覆盖率则为政府数据开放平台实际数据主题数量占整理后的主题指标总数的百分比。主题覆盖率旨在评估政府数据开放平台发布数据的广度。如图 6-7 所示，无锡市政府数据开放平台的数据主题数量居于首位，覆盖了数据主题指标总数的 80%。其他大部分城市的数据主题覆盖率为 60%~70%。数据主题覆盖率不足 50%的城市有 3 个，分别是梅州市、湛江市和苏州市，梅州市政府数据开放平台的数据主题覆盖率更是不足 10%。

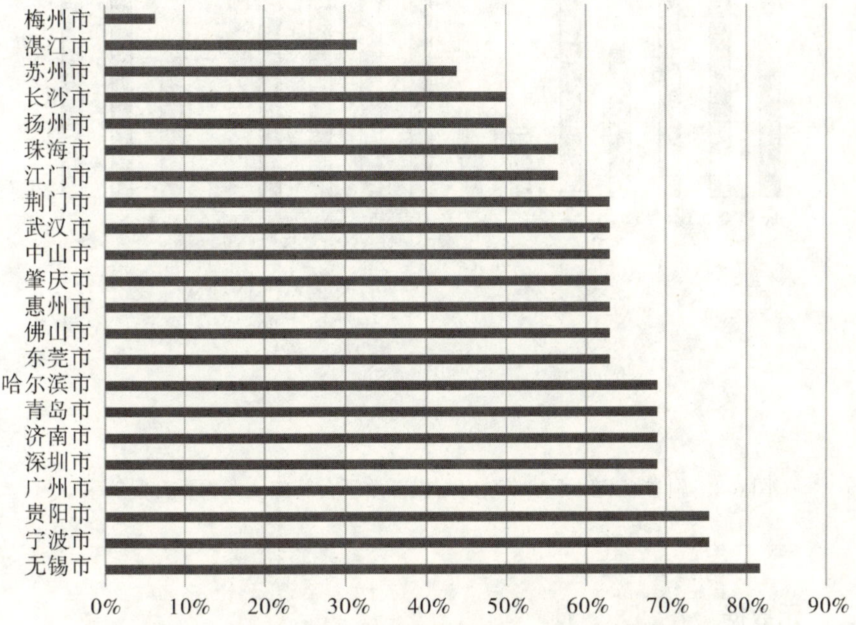

图 6-7 副省级及以下城市政府数据开放平台主题覆盖率

接下来提出平台覆盖量、平台覆盖率的概念。平台覆盖量是指公开特定数据主题的政府数据开放平台的数量，平台覆盖率则指公开特定数据主题的政府数据开放平台的数量占统计范围内政府数据开放平台数量的百分比。如图 6-8 所示，22 个副省级及以下城市政府数据开放平台都开放了综合政务主题的相关数据，80%以上的政府数据开放平台发布了有关财政金融、工业交通、城乡建设/环境保护、科技教育、卫生体育五个主题的数据。综合政务、财政金融、工业交通、城乡建设/环境保护、科技教育、卫生体育都与社会民生息息相关，是政府数据开放的重点主题。但值得注意的是，发布⑯(民族、宗教)、⑫(人口与计划生育、妇女儿童工作)、

⑦(市场监管、安全生产监管)、⑥(商贸、海关、旅游)等主题相关数据的平台较少，表明这些主题并未得到大部分平台的重视。虽然某些主题的公众关注程度较低，但相关部门和平台管理者仍然应对这些方面的数据加以整合、处理和公开，照顾特定人群的数据需求。

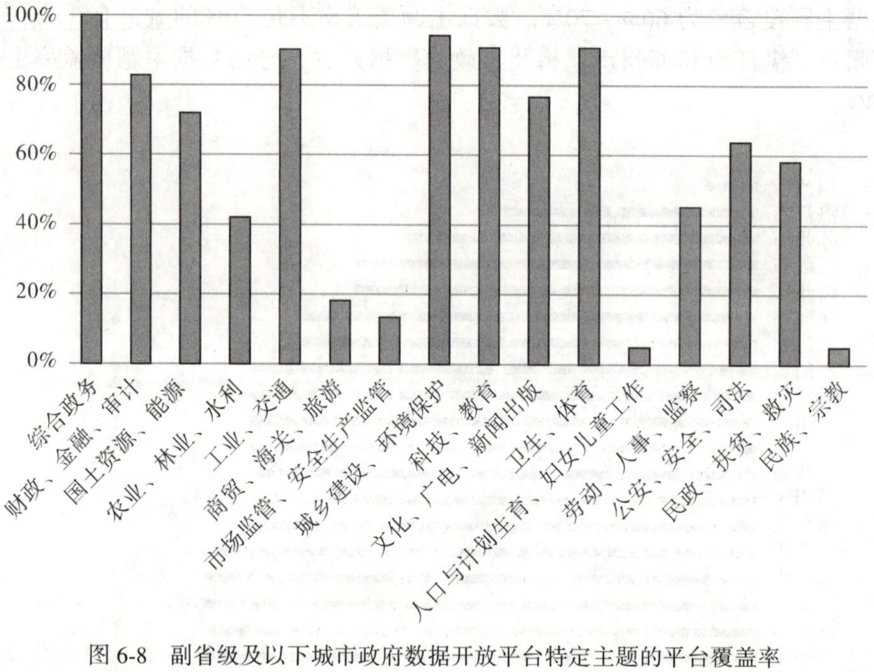

图 6-8　副省级及以下城市政府数据开放平台特定主题的平台覆盖率

二、元数据

元数据是为了描述数据集或数据而存在的数据要素，这些数据要素主要反映数据的各类属性，可以帮助用户了解数据集的基本信息，以判断是否为自己需要的数据，也可以被用于数据的查找和定位。从元数据数量上看，22 个副省级及以下城市政府数据开放平台均提供了多个元数据，最多的是贵阳市，共 29 个，最少的是东莞市，共 5 个。仔细考察各个平台提供的元数据(见表 6-7)，则会发现，有些平台的元数据要素有很多是重复的，而且同一种元数据要素在不同平台的描述不尽相同。比如，宁波市提供了“更新日期”和“截止日期”，对数据提供方的说法有“来源部门”“数据提供方”“数据提供单位”“部门名称”“提供单位”“数据来源”“所属部门”等。

表 6-7　副省级及以下城市政府数据开放平台元数据列表

城市	元数据	数量
广州市	数据量、开放状态、来源部门、所属主题、所属行业、创建时间、更新时间、描述	8
深圳市	浏览量、数据提供方、关键字、数据条数、发布时间、更新频率、下载次数、接口状态、调用说明	9
东莞市	来源部门、更新周期、最近更新、所属标签、所属主题	5
佛山市	数据量、开放状态、来源部门、所属主题、所属行业、发布时间、更新时间、描述	8
惠州市	数据量、开放状态、来源部门、所属主题、所属行业、发布时间、更新时间、描述	8
江门市	更新时间、数据总量、平均评分、资源类型、来源部门、所属主题、资源描述	7
珠海市	数据领域、摘要、关键词、主题分类、行业分类、服务分类、资源格式、更新频率、更新日期、创建日期、数据提供方单位、数据提供方地址、数据维护方单位、语种、文件数、安全等级、信息资源标识符	17
梅州市	文件名、文件大小、下载次数、上传时间	4
肇庆市	数据名称、分类、更新频率、关键字、数据适用范围、创建时间、最后修改时间、下载次数、浏览次数、开放等级	10
中山市	部门名称、摘要、数据条数、更新频率、下载量、访问量、开放等级、数据主题、数据截止时间	9
扬州市	文档简介、提供单位、提供部门、发布日期、创建时间、文档类型、共享等级、下载次数、查看次数	9
无锡市	浏览次数、主题分类、文件下载、文件格式、文件大小	5
武汉市	数据摘要、关键字、数据主题、数据来源、机构简介、数据主题格式分类、数据格式类型、数据浏览次数、源数据发布时间、更新时间、来源链接、地图显示、附件下载、历史记录、API 接口	15
荆门市	标题、关键字、访问、下载、发布日期、数据提供单位、附件下载、评分、简介	9

续表

城市	元数据	数量
长沙市	数据主题、数据摘要、发布时间、来源部门、开放属性、数据条数、浏览次数、下载次数	8
宁波市	数据名称、更新周期、资源条数、资源类型、更新日期、开放类型、数据格式、截止日期	8
贵阳市	标识符、名称、摘要、关键字、数据领域、主题分类、行业分类、服务分类、开放方式、更新频率、发布日期、更新日期、资源格式、所属行政区域、数据提供方、提供方地址、数据维护方、所属行政事项、资源状态、语种、文件大小、文件数量、浏览量、下载量、时间范围、空间(地域)、范围、来源系统、在线资源链接	29
济南市	数据目录名称、开放状态、所属领域、最后更新、来源部门、标签、更新频率、数据格式、发布时间、所属行业	10
青岛市	数据目录名称、开放状态、所属领域、最后更新、来源部门、标签、更新频率、数据格式、发布时间、所属行业	10
苏州市	数据名称、所属部门、所属分类、发布时间、公开属性、数据状态、数据描述、浏览次数、下载次数	9
哈尔滨市	数据目录名称、开放状态、所属主题、最后更新、来源部门、目录来源部门地址、标签、更新频率、数据格式、发布时间、所属行业、描述、下载次数、浏览次数、评分人数、评价次数、评分总数、平均评分	18
湛江市	摘要、关键字、浏览次数、访问/下载次数、更新频度、发布日期、数据提供方单位、数据提供方地址、国家主题分类、部门主题分类、公开属性、评分	12

为了更好地考察元数据的质量，我们将元数据要素划分为三种类型：第一，揭示资源内容的元数据，包括摘要／简介、关键词、主题、行业、语种；第二，反映数据属性的元数据，包括格式、数据量、文件大小、数据类型、创建时间、更新时间、更新频率、接口状态及说明、下载量、访问量、评分或评论；第三，描述知识产权的元数据，包括开放属性、数据提供机构、数据维护机构。按照这三种元数据要素类型，我们对 22 个平台的元数据要素进行了分类统计分析。

表 6-8 统计了各平台中揭示资源内容的元数据要素。统计结果显示，摘要/简

介和主题这两个元数据要素是提及最多的，有关键词和行业两个要素的平台数量都为 8 个，有语种要素的平台只有珠海市和贵阳市。

表 6-8　副省级及以下城市政府数据开放平台中揭示资源内容的元数据要素统计

城市	揭示资源内容的元数据要素				
	摘要 / 简介	关键词	主题	行业	语种
广州市	✓		✓	✓	
深圳市		✓			
东莞市			✓		
佛山市	✓		✓	✓	
惠州市	✓		✓	✓	
江门市	✓		✓		
珠海市	✓	✓	✓	✓	✓
梅州市					
肇庆市		✓	✓		
中山市	✓		✓		
扬州市	✓				
无锡市			✓		
武汉市	✓	✓	✓		
荆门市	✓	✓			
长沙市	✓		✓		
宁波市					
贵阳市	✓	✓	✓	✓	✓
济南市	✓		✓	✓	
青岛市	✓		✓	✓	
苏州市	✓		✓		
哈尔滨	✓	✓	✓	✓	
湛江市	✓	✓	✓		
共计	16	8	17	8	2

图 6-9 展示了 22 个城市政府数据开放平台中揭示资源内容的元数据要素的覆盖率。其中珠海市和贵阳市政府数据开放平台提供了全部 5 个揭示资源内容的元数

据要素，覆盖率为100%；哈尔滨市政府数据开放平台提供了4个揭示资源内容的元数据要素，覆盖率为80%；广州市、佛山市、惠州市、武汉市、济南市、青岛市和湛江市的政府数据开放平台提供了3个揭示资源内容的元数据要素，覆盖率为60%；江门市、肇庆市、中山市、荆门市、长沙市、苏州市的政府数据开放平台提供了2个揭示资源内容的元数据要素，覆盖率为40%；深圳市、东莞市、扬州市、无锡市提供了1个揭示资源内容的元数据要素，覆盖率为20%；梅州市和宁波市没有提供揭示资源内容的元数据要素。

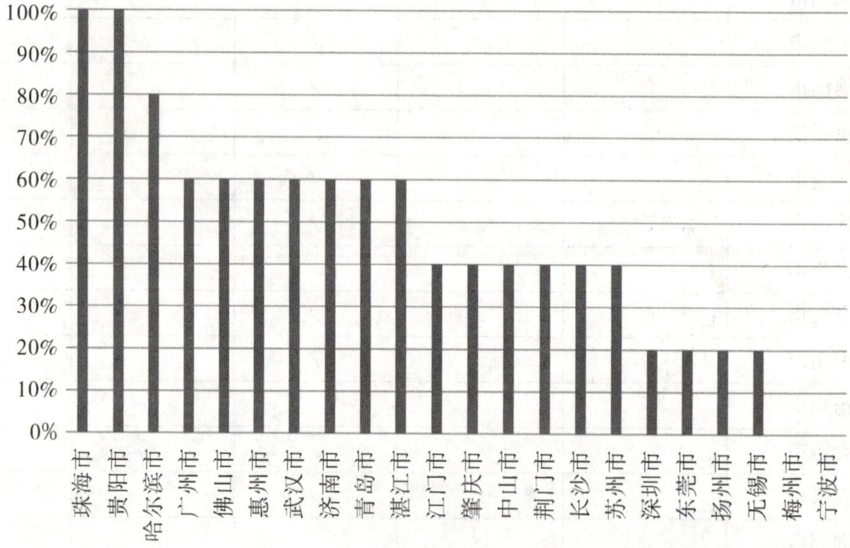

图6-9　副省级及以下城市政府数据开放平台中揭示资源内容的元数据要素覆盖率

表6-9统计了各平台中反映数据属性的元数据要素。统计结果显示：创建时间和更新时间是提供最多的反映数据属性的元数据要素，分别有17个和15个政府数据开放平台提供；提供格式、数据量、更新频率、下载量和访问量的平台也较多，分别有8个、11个、11个、12个和12个；提供文件大小、接口状态及说明、评分或评论的平台数量较少，分别有3个、2个和5个。

图6-10展示了22个城市政府数据开放平台中反映数据属性的元数据要素的覆盖度。贵阳市以82%的覆盖率居于各市之首，而广州、东莞、佛山、惠州等城市以30%左右的覆盖率居于末尾，与排在前列的城市有不小差距。可以看出，文件大小、接口状态及说明和评分或评论仅被很少的数据开放平台列出。接口状态及说明可以方便开发者利用开放的数据开发相关程序，用户的评分则反映了用户对该数据的满意程度，合理的评分系统有利于管理者及时获得用户反馈，从而对已开放的

数据作进一步的改进。因此，在后续的平台建设中，相关管理者应当将上述元数据条目加以补充。

表 6-9　副省级及以下城市政府数据开放平台中反映数据属性的元数据要素统计

城市	反映数据属性的元数据要素										
	格式	数据量	文件大小	数据类型	创建时间	更新时间	更新频率	接口状态及说明	下载量	访问量	评分或评论
广州市		✓			✓	✓					
深圳市		✓			✓		✓	✓	✓	✓	
东莞市				✓		✓	✓				
佛山市		✓			✓	✓					
惠州市		✓			✓	✓					
江门市		✓		✓		✓					✓
珠海市	✓	✓			✓	✓	✓				
梅州市		✓	✓		✓				✓		
肇庆市					✓	✓	✓		✓	✓	
中山市		✓				✓	✓		✓	✓	
扬州市				✓	✓	✓			✓	✓	
无锡市	✓		✓						✓	✓	
武汉市	✓			✓	✓	✓		✓		✓	
荆门市					✓				✓	✓	✓
长沙市		✓			✓				✓	✓	
宁波市	✓	✓		✓		✓	✓				
贵阳市	✓	✓	✓	✓	✓	✓	✓		✓	✓	
济南市	✓				✓	✓	✓				
青岛市	✓				✓	✓	✓				
苏州市				✓	✓				✓	✓	✓
哈尔滨	✓				✓	✓	✓		✓	✓	✓
湛江市					✓		✓		✓	✓	✓
共计	8	11	3	7	17	15	11	2	12	12	5

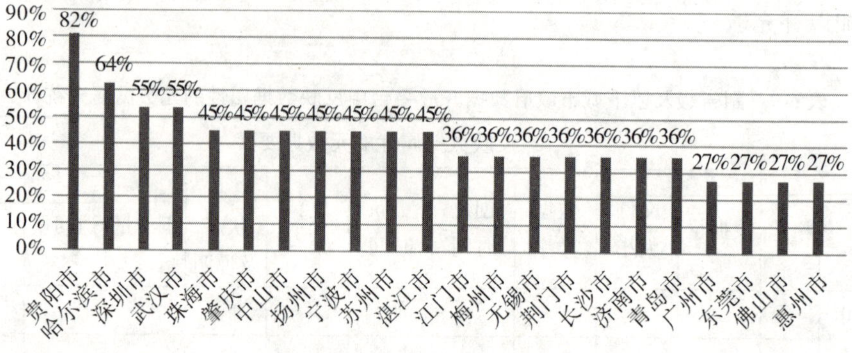

图 6-10　副省级及以下城市政府数据开放平台中反映数据属性的元数据要素覆盖率

表 6-10 统计了各平台中描述知识产权的元数据要素。结果显示：除了梅州市、肇庆市、无锡市和宁波市，其余 18 个城市政府数据开放平台都要求明确数据的提供机构；15 个城市政府数据开放平台提供了开放属性的相关信息；只有珠海市和贵阳市的政府数据开放平台提供了数据维护机构的相关信息。现实情境下，数据提供机构和数据维护机构有可能重叠，但也有可能是相互独立的机构。无论何种情况，为了明确权责，提供和维护机构都有必要单独列出以供用户和管理者了解。

表 6-10　副省级及以下城市政府数据开放平台中描述知识产权的元数据要素统计

城市	描述知识产权的元数据要素		
	开放属性	数据提供机构	数据维护机构
广州市	✓	✓	
深圳市		✓	
东莞市		✓	
佛山市	✓	✓	
惠州市	✓	✓	
江门市		✓	
珠海市	✓	✓	✓
梅州市			

续表

城市	描述知识产权的元数据要素		
	开放属性	数据提供机构	数据维护机构
肇庆市	✓		
中山市	✓	✓	
扬州市	✓	✓	
无锡市			
武汉市		✓	
荆门市		✓	
长沙市	✓	✓	
宁波市	✓		
贵阳市	✓	✓	✓
济南市	✓	✓	
青岛市	✓	✓	
苏州市	✓	✓	
哈尔滨	✓	✓	
湛江市	✓	✓	
共计	15	18	2

三、数据集排序方式

数据排序是指政府数据开放平台根据数据的某种属性对数据进行排列，用户根据自身需求选择以哪种特征作为数据排序方式的标准，帮助用户快速找到目标数据集和数据，满足自身的数据需求。表 6-11 显示，除了无锡市，其他政府数据开放平台都提供了按照更新时间进行排列的方式，用户可以利用这种排列方式迅速获知带有某种数据特征的最新数据集。大多数平台也可以按访问量和下载量对数据集进行排列，也有一些平台可以按数据量和评分对数据集进行排列，只有极少数平台可以按资源名称、发布时间、调用量、关注度、数据提供机构和数据主题对数据进行排列。

表 6-11 副省级及以下城市政府数据开放平台数据排序方式统计

城市	数据排序方式										
	资源名称	发布时间	更新时间	数据量	访问量	下载量	调用量	评分	关注度	数据提供机构	数据主题
广州市			✓	✓	✓	✓		✓			
深圳市		✓	✓				✓				
东莞市	✓		✓	✓	✓	✓		✓			
佛山市			✓	✓	✓	✓		✓			
惠州市			✓	✓	✓	✓		✓			
江门市			✓	✓	✓	✓					
珠海市			✓		✓	✓		✓	✓		
梅州市	✓		✓			✓				✓	✓
肇庆市			✓		✓	✓		✓		✓	
中山市	✓		✓		✓	✓					
扬州市			✓								
无锡市						✓					
武汉市			✓		✓	✓					
荆门市			✓		✓	✓					
长沙市			✓								
宁波市			✓					✓			
贵阳市	✓		✓	✓	✓	✓		✓			
济南市			✓	✓	✓	✓		✓			
青岛市			✓	✓	✓	✓		✓			
苏州市			✓								
哈尔滨市			✓	✓	✓	✓		✓			
湛江市			✓		✓	✓		✓			
总量	4	1	21	9	15	17	1	12	1	2	1

四、数据更新

数据更新是指一个数据集被创建后，平台管理机构对该数据集进行动态补充和删减的管理过程。理想情况下，用户期待政府数据开放平台对数据进行实时更新，一旦有新数据产生，则立即在平台上予以更新。但是，平台管理者对数据进行整理以及更新需要一定的周期，不能对数据进行实时更新。为了更好地服务数据使用者，数据开放平台应当按照一定的周期对发布的数据进行更新，以保证数据的及时性和有效性，用户也能按平台提示的数据更新方式判断查询和下载数据的时间。表6-12显示，目前仅有9个数据开放平台明确提出要以年/月/日的方式进行更新，6个平台分别采用了实时、自定义和不定期的数据更新方式，尚有7个数据开放平台没有明确数据更新方式，这给管理者定期上传和维护数据、使用者定期下载数据都带来了额外的困难。这反映出相关平台在数据维护上的管理仍然不够，需要进一步制定严格的条例，确定合理的更新方式。

表6-12 副省级及以下城市政府数据开放平台数据更新方式统计

城市	数据更新方式			
	年/月/日	实时	自定义	不定期
广州市	✓			✓
深圳市	✓			
东莞市	✓			
佛山市	✓		✓	
惠州市	✓			
江门市	✓	✓	✓	
珠海市	✓			
梅州市				
肇庆市				
中山市	✓			✓
扬州市				
无锡市				
武汉市				
荆门市				
长沙市				

续表

城市	数据更新方式			
	年/月/日	实时	自定义	不定期
宁波市				✓
贵阳市		✓		
济南市			✓	
青岛市		✓		
苏州市				
哈尔滨市				✓
湛江市	✓			
共计	9	3	3	4

第四节　数据服务

一、用户指南

网站互动交流中最重要的一环便是用户指南，它是数据开放平台引导用户下载和使用数据的重要组成部分，好的用户指南能够引导平台使用者迅速把握数据的查找、下载、使用和分析途径。用户指南虽然与政府数据开放平台的数据质量不直接相关，但它决定了平台对使用者的友好程度，密切影响了使用者的使用体验和继续使用的意愿。

在数据开放平台的互动交流模块，有明确用户指南的数据开放平台为 9 个，而没有指南的为 13 个。同时，有指南的数据开放平台多属于副省级城市。可能由于副省级城市人口和企业众多，其民众对于数据开放平台质量的要求也更高。剩余 13 个没有明确指南的数据开放平台应当在之后的建设中补充相关内容。

我们详细研究了数据开放平台的数据指南形式。如图 6-11、图 6-12 所示，广州市的平台设置了专门的用户指南栏目，其基础用户指南以 PDF 格式呈现。而武汉市的平台则在“互动交流”栏目中以“常见问题回答”的形式给用户以指导。功能导向和问题导向这两种形式都能帮助用户快速理解网站功能和操作方式，各有利弊。本书认为，功能导向的用户指南可能涉及的内容更详尽，但用户需要筛选良久才能找到自己需要的操作方式，而问题导向的用户指南可以通过调查发现用户最常遇到的困难，有针对性地给出提示，显得更为实用。但需要指出的是，某些平台中的指南难以访问，在整个页面展示的位置不突出。作为用户访问平台首先应关注的模块，后期平台建设中应当将用户指南放在较为明显的位置。

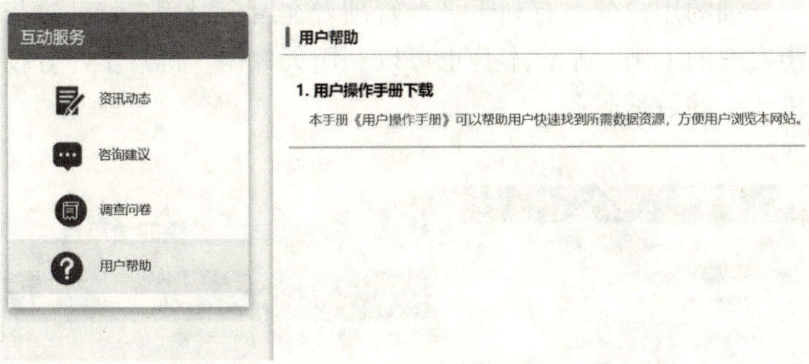

图 6-11　广州市政务数据资源网用户指南界面

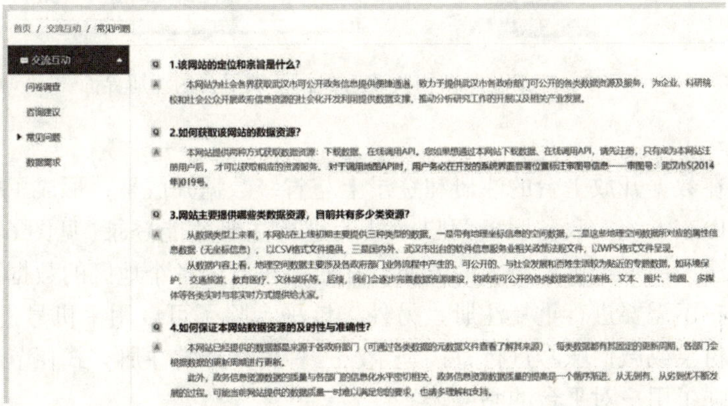

图 6-12　武汉市政务公开数据服务网用户指南界面

二、数据获取

数据获取指的是用户在下载指定数据时需要进行的额外操作过程。如图 6-13 所示，虽然所有平台都免费提供数据，但多数数据开放平台都需要用户进行注册后才能下载，这就给用户使用数据添加了不便因素。然而，设置注册和登录账户，对于管理者维护、监管数据开放平台，听取用户意见和及时进行反馈是极为有益的。本书认为，相关平台对于用户下载数据无须安排注册，可以在用户提供评论、给数据评分时要求其进行注册和登录。这样兼顾了数据获取的便利性和可交互性。

在需要注册的诸多平台中，广州市的平台提供了个人邮箱注册、单位注册两种选项，但两者在注册流程上并无区别，只需要向该平台提供自身的登录邮箱、登录用户名、昵称及登录密码即可完成注册。深圳市的平台在需要填写的信息上与广州市的平台类似，但它提供了更为广泛的用户类型：个人用户、企业用户、社会团体和机关单位。详细的用户分类有利于平台管理者在后台对用户特征进行统计，在信息技术进一步发展的未来，平台本身也可以利用大数据、机器学习等技术向特定类型的用户提供相应的数据服务。

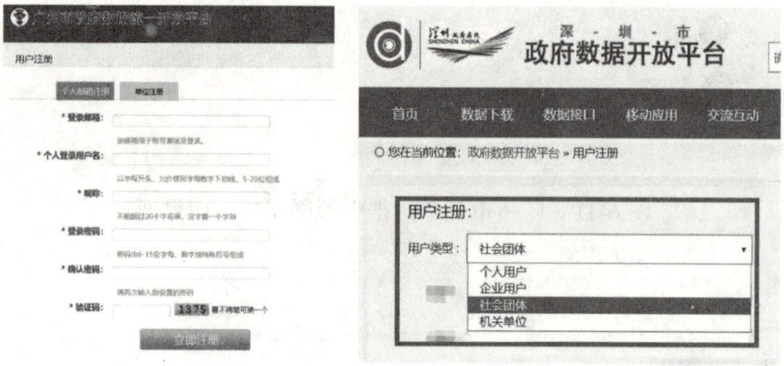

图 6-13　广州及深圳相关政府数据开放平台的注册界面

济南市在数据开放平台的注册和登录上与省级数据开放平台形成了联动。所有用户需要在山东省统一政务服务门户网站上进行注册才能登录(见图 6-14)，这种创新性的做法为用户提供了极大的方便，在对山东省内各个地区的数据都有需求的情况下，用户不需要进行重复注册。另外，该平台除了可以用手机号进行注册外，也可以用支付宝或微信账号进行直接登录，三种可选择的注册方式在节约用户时间的同时，增强了用户对平台的黏度。

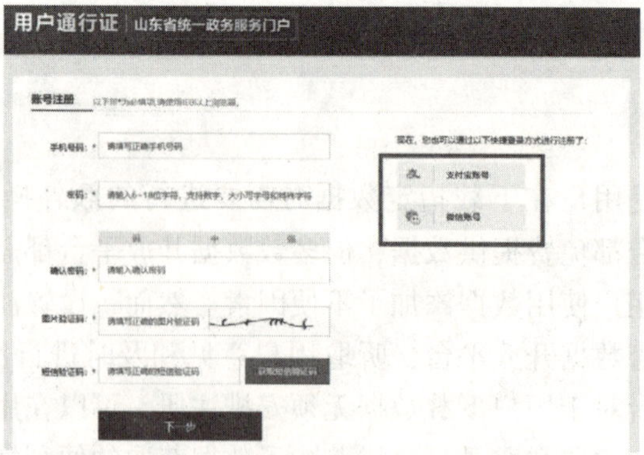

图 6-14　山东统一政务服务门户网站注册界面

从整体上看，具有注册功能的政府数据开放平台在用户进行注册时需要提供的信息基本一致(昵称、邮箱或手机号、密码等)，但缺乏能够确定用户本人或本单位的特征标识，用户有可能无意或故意以错误的信息进行注册。这既不利于数据开放平台的管理工作，在将来数据开放事业进一步发展后也不利于明确用户责任和权利，相关部门应当逐步完善注册系统，以期能够将系统用户与现实角色进行对应。

经过进一步调查发现，某些数据开放平台中的某些数据集并不提供下载链接，仅仅给出了数据来源网页，但当用户点击该网页进入另一界面时，不能准确而迅速地找到自己所关注的目标数据集。还有一些数据开放平台虽然提供了下载链接，但链接无效。这说明这些平台的服务器和数据资源缺少定期维护。管理者应合理设置数据资源日常维护的规章制度，以保证数据可获得。

三、数据应用

数据应用是数据开放的核心目标所在。数据开放平台所提供的数据接口可使开发者利用信息技术对数据进行深入开发和利用，此外平台本身的工具也有利于用户对现有数据进行分析。如表 6-13 所示，目前大部分的政府数据开放平台都提供了数据应用功能。丰富的数据应用可以引导开发者合理地接入、处理和使用相关数据，进而开发出实用价值更高的应用，实现数据价值的最大化利用。

表 6-13　副省级及以下城市政府数据开放平台数据应用统计

数据应用选项	城市																					
	广州市	深圳市	东莞市	佛山市	惠州市	江门市	珠海市	梅州市	肇庆市	中山市	扬州市	无锡市	武汉市	荆门市	长沙市	宁波市	贵阳市	济南市	青岛市	苏州市	哈尔滨市	湛江市
接口	✓	✓	✓	✓	✓	✓	✓		✓	✓			✓		✓	✓	✓	✓	✓	✓	✓	
应用	✓	✓	✓	✓	✓	✓	✓		✓	✓		✓	✓	✓	✓	✓	✓	✓	✓		✓	✓
工具	✓								✓								✓	✓	✓		✓	

从整体来看，大部分数据开放平台在提供数据接口时，都做了明确的技术规范。如图 6-15 所示，广州市的 API 接口中，设置了接口描述、错误代码、请求限制、服务质量四个栏目。接口描述栏目中详细展示了开发者调用该 API 时所应参考的调用方式、请求参数和测试用例。通过上述栏目，相关开发者能够在短时间内获取数据，提高了工作效率。

各个平台的 API 接口在被调用前，都需要用户对其进行申请，这种依申请调用的方式能够帮助平台管理方对各个 API 的使用情况进行全局的把握，从而有针对性地对相应的接口进行优化。许多平台也同时在主页展示了调用次数较多的接口名称，这给了初次接触数据开放平台的开发者一个较好的参考。

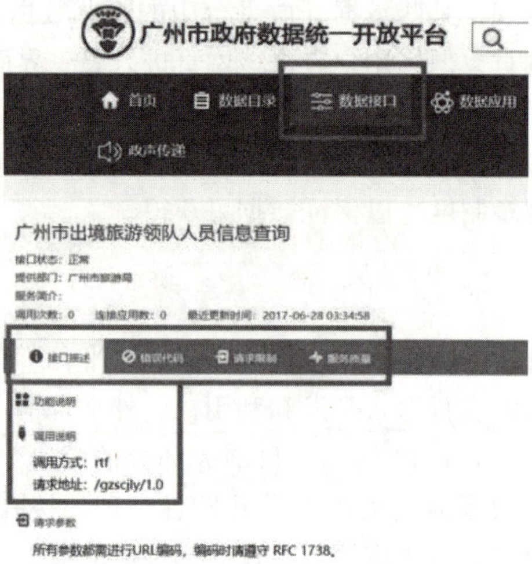

图 6-15　广州市政府数据统一开放平台的数据接口界面

除提供 API 接口外，91%的政府数据开放平台也将个人、公司或政府本身开发的便民应用通过独立的栏目展示出来，这极大地方便了希望政府开放数据为自身服务的普通用户，降低了他们的查找成本，减少了查询时间，如图 6-16 所示。

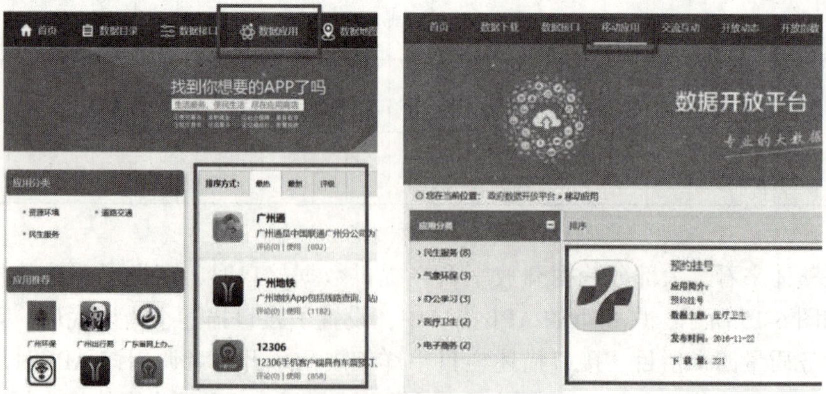

图 6-16　相关政府数据开放平台的便民应用

广州、肇庆、贵阳、济南、青岛、哈尔滨等城市在提供 API 接口、数据应用的同时，也提供了相应的开发或分析工具(见图 6-17)，这对于不熟悉开发流程的开发者或希望通过简单引导学会数据分析和使用的用户具有重要意义。在这个层面上，政府数据开放平台相当于集数据提供、数据应用展示、数据处理引导三种功能于一体，在即将来临的大数据时代扮演了一个不可或缺的角色。

图 6-17　广州市政府数据统一开放平台的开发服务界面

四、互动交流

数据开放平台所提供的方便用户与数据平台管理者、数据提供方进行沟通的功能，被称为互动交流。它的表现形式有多种，如“用户评分”“建议反馈”“问题咨询”和“新数据申请”。互动交流搭起了数据开放各利益相关方相互沟通的桥梁。合理的互动交流有利于数据开放平台不断提高服务水平和数据质量，使其向更健康的方向发展。但是，目前仍有部分数据开放平台没有开发互动交流的功能。即使某些平台具有互动交流的功能，其沟通方式的丰富程度仍远远不够，用户所需要的沟通成本也相当大，相关管理者仍需要进一步完善。

一些城市的数据开放平台在互动交流模块中设置了多样化的交互方式。如图 6-18 所示，贵阳市的平台设置了不同类型的调查问卷，分别对用户的满意度、用户对相关政策的认可度等方面进行调查，通过这种做法，可以收集用户的反馈意见对平台进行相应改进，抓住用户需求的痛点，提升网站的用户体验和服务质量。贵阳市政府数据开放平台还通过公开征集数据应用、可视化作品鼓励公众参与政府数据资源的开发，这也是实现“大众创业，万众创新”的一种生动实践。如图 6-19 所示，该平台在互动交流模块中采用了一种极具创新性的尝试。它以置于平台首页的“智能机器人”为互动交流枢纽，使得用户脱离了传统的界面式访问，而体验到了更人性化的“对话式”信息获取，尤其是方便了不善于识别各种复杂图形界面的中老年人。

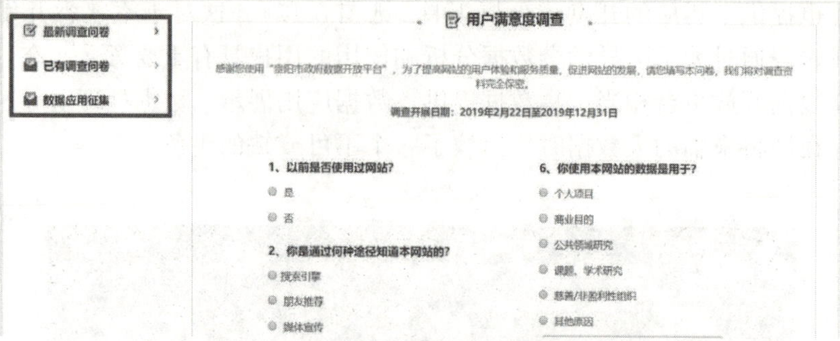

图 6-18　贵阳市政府数据开放平台的调查问卷和数据应用征集

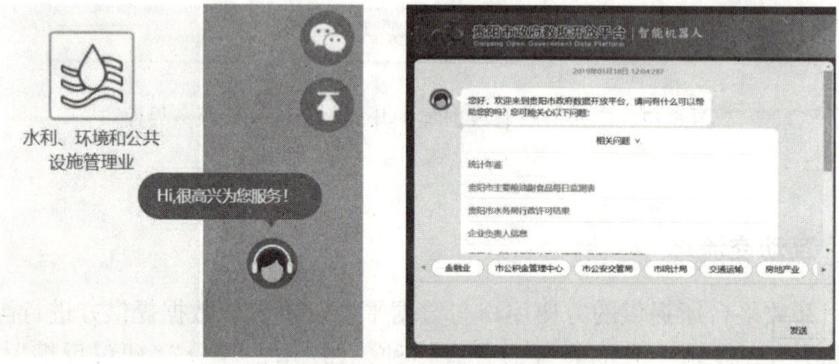

图 6-19　贵阳市政府数据开放平台的智能交互

五、数据资讯

数据资讯是指数据开放平台根据自身平台建设情况、国家法规文件及相关数据开放的社会活动所发布的即时消息，可以帮助使用者更好地了解数据开放的国家地区背景和现有成效，是地区展示开放成果的重要模块。多数政府数据开放平台将数据资讯栏目分为两部分——政策文件和行业动态，分别展示来自官方和非官方的政府数据开放平台最新进展，这有利于民众和数据使用者从各个方面了解政府数据，用好政府数据。

虽然数据资讯不是开放平台的核心功能，但同样也在其中扮演着重要的角色。贵阳市政府数据开放平台便在数据资讯方面起到了很好的示范作用，其内容更新及时，范围较广，充分利用了平台优势进行最新资讯的传播，见图 6-20。特别是近期伴随着 2019 年中国国际大数据产业博览会的筹备与预热，贵阳市以数据开放平台为依托，进行了密集的宣传，这样的宣传既能发挥平台优势，助力大数据产业博览会，也能以大数据产业博览会为焦点，进一步推广贵阳市政府数据开放平台本身。

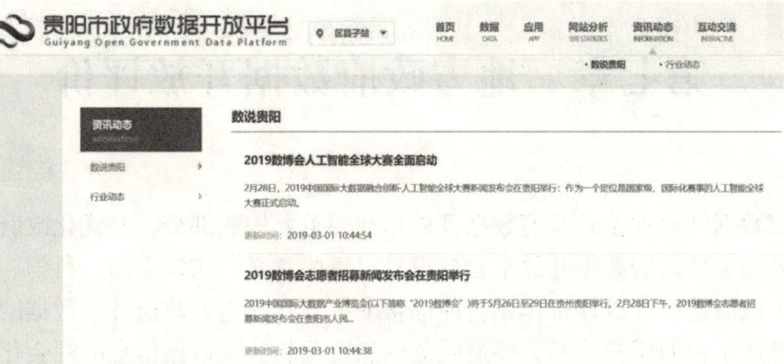

图 6-20　贵阳市政府数据开放平台的数据资讯界面

但目前，无数据资讯的政府数据开放平台占本次研究统计的数据开放平台总量的 1/3。许多数据开放平台中的数据资讯模块并不完善，且更新较慢，缺乏维护，甚至有些仅仅设置了该栏目而没有内容。相关管理者应当加强对资讯公开频率和质量的把控，以期更好地向用户传达相关政策和成果。

本章小结

建设城市数据开放平台作为国家数据公开战略的基础环节，需要相关部门的大力推进。我国目前已有许多城市建成了数据开放平台，并且其数量仍在进一步增加。本章收集了我国副省级及以下城市政府数据开放平台的详细资料，经过统计和比对，发现目前仅有少量城市在平台建设上做到了功能完善、界面友好、数据全面，而大部分城市的政府数据开放平台需要进一步提高自身质量。

从数据资源的维度来看，许多开放平台的数据量仍不能满足广大人民的需求，相关城市需要在合理范围内公开更多的数据，尽可能提高公开数据的广度和深度。同时，许多数据开放平台在数据分类方式、数据格式、数据更新等关系到用户使用体验的方面仍有欠缺，用户指南编制不够全面。本章通过大量统计，探讨了全国城市数据开放平台普遍存在的可取之处和不足，相关部门可以此为经验，进一步推动数据开放平台服务质量的提升。

第七章　地方政府数据开放评价

政府数据开放评价是政府数据开放运动的重要构成部分，对优化政府数据开放政策体系和完善政府数据开放平台建设具有重要意义。构建全面、科学、合理、可行的地方政府数据开放评价体系，能够帮助提升我国地方政府开放数据的质量，改善数据开放平台的用户体验，促进政务信息资源和公共数据信息的社会化利用和增值。本章将从数据开放政策和数据开放平台两大维度构建地方政府数据开放评价体系，依据政策完备性、政策强度、政策协同性、平台数据质量、平台功能和平台协同性六大指标对我国地方政府数据开放发展现状进行评价。

第一节　地方政府数据开放政策评价

本节将基于我国30个省级行政区出台的141份与政府数据开放相关的政策文件、22个副省级及以下城市出台的88份与政府数据开放相关的政策文件，从政策完备性、政策强度和政策协同性三个维度对我国地方政府数据开放政策进行评价，总结出我国地方政府数据开放政策体系建构过程中存在的问题，以期为我国地方政府数据开放政策的制定和完善提供一定的参考。

一、地方政府数据开放政策总体评价

1. 政策完备性

政策完备性包括内容完整性、体系配套性和措施可行性。在内容完整性方面，总体来讲，我国地方政府数据开放政策内容已具备开放目标、开放目录或清单、开放主体、开放平台、开放领域、开放数据要求、开放计划和数据安全等基本要素，基本形成了从整体到部分、从总括到具体的地方政府数据开放政策体系，既囊括了全局性的指导方针和总领纲要，也包含具体的行动计划和管理实施方案，在一定程度上能够为地方政府开放数据的推动提供方向引导和具体建议。但目前多数地方政府在数据开放政策内容上不够全面，容易忽略某几项基本内容要素，尤其是开放计划和数据安全在政策中出现的频次较低，政策内容上有待进一步完善和规范。

在体系配套性方面，目前我国尚未出台比较权威的政府数据开放相关法律文件，中央政府也没有出台数据开放专项政策，地方政府在数据开放政策的制定过程中缺乏上位法和中央政策作为依据和基准，在一定程度上削弱了地方政府数据开放政策的执行强制力，不利于政策的有序推进和深入；此外，就政策体系的执行层面而言，我国多个地方政府内部设立了大数据管理局等地方数据管理机构，但其定位、职能、权责等并没有得到清晰界定和划分，导致在政府数据开放政策的执行和协调上缺乏专门性的权威机构。

在措施可行性方面，我国部分地方政府出台的政策文件中有按照时间维度提出具体工作规划，并设定量化目标，为地方政府落实数据开放政策提供了明确方向；但多数地方政府在开放目标、开放数据要求、开放目录或清单、开放领域和开放主体等内容的阐述上较为模糊，政策文本描述不够清晰具体，不利于地方政府数据开放政策的贯彻和落实。

2. 政策强度

政策强度包括政策连续性和政策有效性。在政策连续性方面，自 2015 年 8 月 31 日国务院发布《关于促进大数据发展行动纲要的通知》后，我国多数地方政府开始连续出台多项与数据开放相关的政策，如北京市、广东省、广西壮族自治区等地在 2016 年连续发布四份政策文件，上海市、云南省等地在 2017 年连续发布四份政策文件，湖北省等地在 2018 年连续出台四份政策文件，政策集群效应明显加强。2016 年开始，我国地方政府对数据开放的重视程度明显加强，相关政策数据量较之前大幅增加。

在政策有效性方面，目前我国地方政府出台的多数政策都是围绕“互联网+”“信息化规划”“大数据”等，少有针对政府数据开放提出的专项政策计划和意见指导。从各地政策内容统计分析结果来看，大多数政策文件都只是在某一章节提及政府数据开放，且篇幅较小，指导规划不具体、政策目标较为模糊，政策引导力度不足，导致地方政府对数据开放的重视程度不高，执行贯彻力度较小。

3. 政策协同性

政策协同性包括地区内政策协同性和地区间政策协同性。在地区内政策协同方面，同一地区的政府数据开放政策体系设计，在开放目标、开放数据要求等方面存在说法口径不一致、目标设定冲突等问题。例如，2016 年 12 月 13 日《惠州市促进大数据发展实施方案(2016—2020 年)》明确规定“到 2020 年……实现政府数据公开网站在民生保障服务等重点领域开放 150 个以上政府数据集……政务信息资源共享率达 90%”，2016 年 12 月 22 日《惠州市信息化发展“十三五”规划(2016—2020 年)》又规定“到 2020 年，政务信息资源共享率达 80%”，其在开放目标中设定了相矛盾的量化指标，容易造成政策执行过程中的混乱。

在地区间政策协同方面，我国地方政府数据开放体系设计缺乏统一的规范和标准，不同地方政府在开放目标、开放目录或清单、开放领域、开放平台等方面均存在明显差异。例如，对于开放数据的具体要求，各地政府分别从数据可用性、数据动态管理、数据自身属性、数据交互性、数据客观性等视角切入，难以在国家层面统一标准和细则，为全国范围内的数据开放带来了巨大挑战。

二、地方政府数据开放政策存在的问题

1. 中央政府对数据开放缺乏顶层设计

由于我国尚未在国家层面出台针对政府数据开放的专项政策，也未制定并颁布系统性的数据开放相关法律法规，我国地方政府在数据开放政策体系发展的进程中缺乏权威性的政策和法律法规作为参考依据，进而造成我国地方政府颁布的数据开放政策间差异较大，缺乏系统性和协同性。

第一，地方政府数据开放进程不一，发展水平有较大差异。北京市、上海市、广东省等东部地区和武汉市等中部发达省会城市明显起步较早，建设进程较快，而较多内陆欠发达城市至今只出台了一两项数据开放相关政策，起步较晚，建设进程缓慢。

第二，地方政府数据开放政策的颁布主体过多，包括政府、政府办公厅(室)、经济和信息化委员会、发展和改革委员会、大数据管理专设机构等，造成政出多门的现象，给政策的贯彻和落实带来较大困难。

第三，地方政府数据开放政策的内容差异明显，在开放目标、开放目录或清单、开放计划、开放领域等方面都不一致，各地政府数据开放理念明显不同，进而导致在政策具体实践中的表现也存在巨大差异。

2. 地方政府数据开放政策呈碎片化

各地方政府对数据、信息的概念界定有差异，多个地方政府的政策文件中将政务信息资源、公共数据、政府数据等混为一谈，缺乏对各自所涵盖的数据范畴及彼此间关系的详细说明和解释。还有的没有明确信息共享和数据开放的区别，对共享和开放的主体和对象没有清晰界定。内部共享的数据与对外开放的数据的内容和范围显然并不完全一致，但很多省市文件将政府数据共享和开放的概念混为一谈，导致相关政策的指向性不明确，严重影响政策的执行。因此，政府数据开放相关文本内容散落在大数据、信息资源共享等相关政策当中，呈碎片化状态，大多数地方政府数据开放政策设计中都没有制定和发布针对数据开放的专门性政策文件，更没有形成完整的政策体系。

3. 地方政府数据开放政策缺乏对数据开放的具体指导

地方政府数据开放政策虽然对政府开放数据的目标、计划、主体、领域、目录或清单等提出了要求和规范，但大多停留在宏观层面上的笼统性规划和概括性纲要，缺乏微观意义上的具体指导，相关责任主体、部门间的协调机制、数据开放的范围尺度、数据发布的具体流程、数据安全标准、数据利用目的及方式等方面都未给予明确规定。例如，大多数地方政府开放数据的政策都提出要建设政府数据开放平台，但对于开放平台建设中应当设置的平台功能、数据格式、数据划分维度、数据更新方式等均没有明确的要求说明，造成各地方政府数据开放平台建设的协同度很低。由于缺乏具体的政策指导，留给政策执行的裁量空间过大，导致某些地区出现执行错误、执行力度不足等问题，使得各地方政府数据开放水平差距明显，难以建立统一的标准规范体系。

第二节　地方政府数据开放平台评价

随着政府数据开放理念在世界范围内的普及和相关数据需求的日益显现，世界各国陆续建设了多个数据开放平台。许多研究机构也针对这些平台进行了相关的评估，如开放数据晴雨表（Open Data Barometer）、开放政府数据指数（Open Government Data Index）等。众多的数据开放评估项目都尤为重视“数据”层面，这体现了“数据”在政府数据开放中的核心位置——数据是政府数据开放的信息源头，也是民众对数据开放的首要需求。此外，平台功能深刻地影响着用户体验和使用意愿，具有完备功能的数据开放平台可以唤起民众获取数据、使用数据、让数据“说话”的热情，因此我们将平台功能作为一个考察地方政府数据开放平台发展水平的维度。地方政府数据开放平台发展是否协同会影响地方政府数据开放的整体进度和发展质量，也是评价的指标之一。

一、地方政府数据开放平台总体评价

1. 数据质量

从数据绝对量上看，我国目前的城市数据开放平台数据集公开量最高达到了3041个，省级数据开放平台最高达到2436个，大多数政府数据开放平台的数据集数量在500个左右。但据前文统计，数据集数量最多的城市与最少的城市相差约两个数量级。深圳市和山东省分别以约1300万和4亿成为公开单条数据总量最多的城市和省份。

数据开放平台需要投入大量人力物力对汇集的数据进行处理，包括将数据划分

到相应领域、尽量使用开放和可机读的数据格式等。几乎所有平台都采用了数据主题分类，这能够帮助用户从数据领域切入，迅速找到自身所需数据，而目前仅有广州、珠海等城市的政府数据开放平台采用了多种分类方式，如行业、部门、领域等，这些分类是对数据主题分类的有益补充，能够满足许多用户多元化的需求。其中东莞市针对用户特征采用了场景(人)/场景(企业)分类方式，富有创新色彩的分类有效地提高了用户的使用效率，其余数据开放平台应在后续建设中加以学习。就文件格式来说，各个平台所公开的诸如 XLS、CSV 等结构化文件能够被用户容易地获知和进行处理，但目前大多数据开放平台在公开结构化文件的同时，也公开了如 DOC、PDF 等非结构化文件，给用户带来了批量操作的障碍。本书在前述章节中以《国务院办公厅政府信息公开目录》为参照对象，比照了每个数据开放平台所涉及的数据主题。结果证实，尽管多数数据开放平台都公开了民生、经济等领域的数据，但在民族宗教、计划生育等方面的数据公开量仍然不够，甚至没有设置相关主题。管理者在回应大众需求的同时，也应当对特定人群所需要的数据加以整合，设置特定的主题进行公开。

在元数据设置方面，各地方政府数据开放平台都提供了详尽的元数据。宁夏回族自治区数据开放平台的元数据数量在各省级行政区平台中最多，达到 17 个。贵阳市的元数据数量在各副省级及以下城市平台中最多，达到 29 个。但数量并不意味着质量，许多元数据标签含义有所重复。元数据是数据自身属性的体现，详尽而科学的元数据可以为数据管理者和数据使用者提供充足的信息，进而提高整合、获知数据的效率。在后续平台建设中，相关平台应当尽可能减少重复的元数据标签，并尽可能扩展当前所缺少的元数据。

2. 平台功能

用户在访问政府数据开放平台的时候首先面对的不是数据本身，而是平台的各种功能界面，良好的平台功能可以为用户提供更人性化的服务。从数据排序方式来看，多数地方政府数据开放平台都提供了按时间排序的功能，但大部分省市的平台都缺乏依照评分、浏览量的排序功能。相关平台可以综合考虑更新时间、下载数量、评分高低等其他因素，利用机器学习等手段生成综合排名，这样生成的排名可能会更加可靠，更能满足用户需求。

数据更新方式可以反映政府数据开放平台数据的实时性和有效性，及时而有规律的数据更新方式可以让用户对所需数据的获取有明确的预期，同时也有利于规范数据提供者的数据上传行为。据本书统计，大多数地方政府数据开放平台采用了不定期或按年度更新的更新方式，这显然不能保证数据的及时性和可靠性，需要相关部门对数据更新方式加以规范。

在用户首次使用数据开放平台时，用户指南可以引导用户在政府数据开放平台的各种操作，提升政府数据开放平台的用户体验，增强使用者继续使用数据开放平台的意愿。但目前许多地方政府数据开放平台并未提供用户指南，且具有用户指南的数据开放平台多数属于行政级别较高的城市或经济发达的省份。平台体验会影响用户使用意愿，目前没有用户指南的地区也应当在未来的平台建设中加以完善。

目前所有省市的政府数据开放平台都免费为用户提供数据，但部分省市的数据开放平台在用户获取目标数据之前需要其进行注册，且其中某些注册步骤比较烦琐。用户注册可以帮助数据开放平台更好地收集用户数据，进而有针对性地提供数据开放服务，但是复杂的操作可能使得用户望而却步，影响其使用数据开放平台的欲望。地方政府数据开放平台的数据获取方式有待改进，例如可将需要提供所有用户信息的注册方式改为使用社交软件进行绑定式注册，这样可以节约时间、提高用户操作效率。相关平台还可以利用政府信息优势，直接将本地区居民信息纳入数据库，在用户使用时直接利用人脸识别等机器学习手段，避免用户手动操作即可实现注册。

数据开放平台公开数据的最终目的，是方便广大民众对其的使用。因此数据应用是政府数据开放中重要的一环。目前，几乎所有地方政府数据开放平台都提供数据应用。广州、贵阳、北京、广东等省市的平台走在了数据应用的前列，在自己的数据开放平台上设置了诸如 API 接口、应用 App、数据工具等栏目，极大地便利了用户或开发者利用数据。在统计范围内的政府数据开放平台中，贵阳市尤为重视其数据应用，围绕该功能开放了极为丰富的栏目，这反映出数据开放平台管理者对数据价值的深刻认识，体现了其以用户为核心、以应用为目的的建设理念。

数据开放平台的互动交流和资讯功能是平台方传达政策消息、用户提出建议意见的重要工具，丰富的交互方式和充足的资讯可以改善用户使用感受，增进用户对数据开放平台的信任感。同时用户也可以通过自身体验对数据开放平台的各种功能提出意见，进而改善平台，提高其服务质量。北京市采用了极为丰富的交互方式，即“问卷调查/历届活动/咨询建议/常见问题/提交 App 应用/建议增加的数据类型”；广东省针对用户交流互动推出了本地区的小程序；贵阳市利用人工智能采用了“智能式交互”。这些交互方式都极大地提升了用户的使用体验。多数平台都设置了至少一种交互方式。但值得注意的是，许多平台并没有设置资讯栏目，或者即使设置，其更新频率和质量也没有达到用户要求，这需要在未来的平台建设中进一步改善。

3. 平台发展的协同性

以相同层级平台的协同为例，属广东和山东两省平台的地区协同较好。在广东省建立省级政府数据开放平台的同时，其区域内很多城市政府都建立了数据开放平台，且梅州等市已将自身的数据开放平台与省级平台关联起来，做到了资源的整合和平台的复用，这既方便了用户对数据的获取，也极大地提升了政府从上到下的数据开放效率。但就其他省份而言，目前的政府数据开放平台的数量仍远远不足，甚至少量省份仅有一个政府数据开放平台或没有政府数据开放平台。这都反映出我国政府数据开放工作仍然处于起步阶段，需要进一步的统筹规划。

就平台分布地而言，我国东部地区的经济较为发达，东部地区地方政府数据开放平台的数量较多、质量较高，而西部则仅有极少数政府数据开放平台。相关部门必须认识到，虽然推动政府数据开放需要投入大量人力、物力和财力，但其带来的经济社会效益将是值得期待的。

二、地方政府数据开放平台存在的问题

虽然我国地方政府数据开放平台建设已见成效，获得了一定的成绩和突破，但仍然有很多需要改进的地方。

我国的政府数据开放平台存在数据开放力度不够的问题。美国政府数据开放平台发布的数据集数量以 10 万计，而到目前为止，我国发布数据集量最多的贵阳市所公开的数据集数量仅为 3041，其余各省市政府数据开放平台发布的数据集更少。

我国多数政府数据开放平台的数据主题范围不够广，而开放主题关联的是相关政府部门，数据主题的不全面反映出相关政府部门对数据开放工作的参与度不够。在大数据、云计算、人工智能迅速发展的今天，数据作为一种新型资源，应当充分释放其价值。各政府部门作为政府数据开放的主体，如果不能深入参与平台建设，那么数据开放便得不到推行。相关政府部门出于部门利益或安全不愿公开数据，这反映出政府数据开放工作还未得到相应的重视，应当加强对政府数据开放的宣传力度，使得利益相关部门充分认识到数据开放对社会经济发展的重要性。

政府数据开放不仅要求增加数据数量，也应当提升数据质量。目前，我国地方政府数据开放平台所提供的数据在质量上仍有很多需要改进的地方。由于缺乏统一的数据开放标准，地方政府数据开放平台管理者往往依照自身意愿设置数据格式、数据分类方式、数据获取方式等。大数据的时代要求数据的共享和开放，而数据标准的不一致使得这个愿景极难实现。究其根本，是由于我国目前的地方政府数据开放平台建设工作往往由各地区政府独立领导，缺乏统一的管理与协调机制，除了山东和广东外，极少省份或城市间进行了平台的协同建设，其统一标准的缺乏也由此而生。

政府数据开放的最终目的是使用数据，但目前来说，我国地方政府数据开放平台所发布的数据往往存在使用上的障碍。首先，许多平台需要注册或许可，造成了用户获取数据的烦琐操作，影响了用户的使用意愿。不够科学的分类和排序方式使得用户在查找数据时效率极低，不可机读或无效的数据不方便用户使用。总的来看，平台管理者缺乏对数据质量的管控和规范。同时，政府数据开放平台所提供的开放工具往往有限，不能满足用户处理数据的需求。

第八章 地方政府数据开放展望

第一节 存在的机遇

一、信息技术的迅速发展

伴随信息传输技术和物联网的发展，传感器的广泛应用大幅提高了数据收集效率，政府数据资源的规模和价值得到提升。同时，大数据、云计算、人工智能、区块链等新一代信息技术的迅速发展，为来源多样、结构复杂的各类数据提供了新的传输、存储和处理方法，为政府数据开放平台提供了有力的技术支持。① 信息技术和经济社会的交汇发展产生了海量数据，而数据的共享、整合与分析能力将成为国家核心竞争力的重要组成部分。我国要想在竞争激烈的现代社会中脱颖而出，必然需要逐步开放包括政府数据在内的各种数据。

二、政府管理的国际动向

数据爆炸式增长及其开放共享是改变全球经济和社会的重要力量。② 数据资源争夺战加剧，国际政府数据合作的标准、规则和话语体系正在加速成型，政府数据开放已然进入全球议程。③ 美国、英国、法国、加拿大、澳大利亚、新西兰、爱尔兰、新加坡和韩国等纷纷实施政府数据开放战略与政策，建立数据开放平台和保障机制，推动数据开放运动。④ 政府数据开放蕴含着巨大的经济社会潜力，驱动各国政府向更负责、更民主、更透明、更创新的方向转变。它们将数据开放作为公共信

---

① 汪雷，邓凌云. 基于大数据视角的政府数据开放保障机制初探[J]. 情报理论与实践，2017，40(02)：77-79.

② Jetzek T，Avital M，Bjorn-Andersen N. Data-Driven Innovation Through Open Government Data[J]. Journal of Theoretical and Applied Electronic Commerce Research，2014，9(2)：100-120.

③ 张明. 当前国际政府数据开放进程[J]. 国际研究参考，2014(09)：25-28，33.

④ 白献阳，孙梦皎，安小米. 大数据环境下我国政府数据开放政策体系研究[J]. 图书馆学研究，2018(24)：47，48-56.

息资源管理、电子政务建设的重要内容，① 试图以此为契机改善政府管理，推动政治民主和社会发展。

三、中央和地方政府的实践探索

鉴于政府数据开放在国际经济社会发展和创新驱动战略中的重要作用，中央政府将数据治理视为国家治理现代化的重要任务，并作出《促进大数据发展行动纲要》等统筹规划。而地方政府是国家治理体系创新的前沿实践者，也是国家治理能力提升的重要基础。② 目前，北京、上海、广州、贵阳等地开展数据开放已经取得明显成果。一方面，各地已建立了多个数据开放平台，且包括三种模式：以浙江为代表的依托政府门户网站建设的平台、以北京为代表的专门的数据开放平台、以贵州为代表的依托其他重点应用平台建设的平台。另一方面，许多地方政府目前根据实际情况制定了大数据发展规划，为地方政府数据开放提供了清晰的发展路径和对策措施。各个地区正越来越重视数据开放在政府治理中的作用，致力于用数据提升政府治理的科学性。③

四、电子政务的建设基础

近三十年来，我国基本建成了电子政务运行体系，各级政府网站和各类业务系统承载了大规模的政府数据资源。"十五""十一五""十二五"期间，国家重点推进的金字工程、重要信息系统和基础信息库建设已取得阶段性进展，为政府数据资源的积累打下了坚实基础。一些政府部门目前正与社会合作，推进政府数据的社会化再利用，释放政府数据的应用价值，进而举办各种开放数据应用大赛，激发了公众参与的热情，也为社会公众的生活创造了便利。④

五、社会力量的广泛参与

科研机构、评估机构、商界、政界等社会力量的广泛参与，推动了政府数据开放工作的顺利实施。政府数据开放及其潜在价值，吸引了来自信息系统、管理科

---

① 夏义堃. 国际比较视野下我国开放政府数据的现状、问题与对策[J]. 图书情报工作，2016，60(07)：34-40.

② 丁辉侠. 地方政府大数据治理：行动、挑战与应对[J]. 郑州大学学报(哲学社会科学版)，2018，51(01)：76-80.

③ 付超. 地方政府服务创新背景下数据开放共享的 SWOT 分析[J]. 贵州广播电视大学学报，2018，26(02)：52-60.

④ 鲍静，张勇进，董占广. 我国政府数据开放管理若干基本问题研究[J]. 行政论坛，2017，24(01)：25-32.

学、政治学、社会学以及法律等学科的从业人员。① 国内外学者围绕政府数据开放的概念和原则、价值和意义、影响因素、开展现状、管理体制、用户参与等方面都开展了较为深入的研究。纽约大学治理实验室、复旦大学数字与移动治理实验室等机构组织进行了大量理论与实证研究，通过评估国家或地区政府数据开放情况，既客观呈现出这些国家或地区的数据开放现状、成果或问题，同时也带动更多的数据开放实践。除此之外，腾讯公司总裁马化腾、浪潮集团董事长孙丕恕等互联网界领袖也曾就政府数据开放在公开场合发声。总体而言，这些社会组织、个人的积极实践，有力地促进了政府数据开放的成长。②

第二节　面临的障碍

一、制度障碍

我国政府数据开放的制度障碍主要表现为：传统官僚主义；抗风险文化；对政府数据开放价值的理解不充分；将数据视作私人资源、利益和权力来源；机构部门协同度低；具体和统一的政策欠缺，等等。③

1. 数据产权的部门利益化

政府数据的产权是指政府对数据开发利用的控制程度以及占有数据效益的情况。在我国的垂直行政管理体系中，数据化一般以部门为中心展开，在地方上形成条块分割的格局。政府数据往往掌握在不同主体手中，再加上数据拥有量一定程度上影响到权力和利益的大小，这就直接导致数据产权的部门化和利益化。机构部门间的数据开放壁垒，造成了政府数据资源的垄断。于委托方的公众而言，政府作为代理方堪称掌握数据的优势者，衍生出数据寻租行为。④

2. 政策执行协同性弱

目前，电子政务项目面临的主要挑战是传统的自上而下的管理机制。⑤ 而政策

---

① Charalabidis Y, Alexopoulos C, Loukis E. A Taxonomy of Open Government Data Research Areas and Topics[J]. Journal of Organizational Computing and Electronic Commerce, 2016, 26(1-2): 41-63.

② 赵需要. 政府信息公开到政府数据开放的嬗变[J]. 情报理论与实践，2017，40(04)：1-9.

③ Huang R, Lai T, Zhou L. Proposing a Framework of Barriers to Opening Government Data in China: A Critical Literature Review[J]. Library Hi Tech, 2017, 35(3): 421-438.

④ 迪莉娅. “反公地悲剧”视角下的政府数据开放研究[J]. 情报理论与实践，2016，39(07)：8，56-60.

⑤ Kassen M. A Promising Phenomenon of Open Data: A Case Study of the Chicago Open Data Project[J]. Government Information Quarterly, 2013, 30(4): 508-513.

本身即具有一定模糊性，没有经过商定的、有约束力的方法来衡量各机构是否实践了政府数据开放政策。① 此外，政府机构部门之间的统一管理有限，存在职权交叉、权责不明确的障碍。当数据资源需要跨部门整合时，各部门间往往存在目标不一致、利益冲突、激励不足、信任缺失等因素，这导致了管理相对混乱。政策执行过程中政府部门间、政府与公众、企业间互不协调、相互冲突的情况时有发生。②

3. 法规政策顶层设计缺位

法律法规和政策为政府数据开放提供依据。法律法规具有强制力，而政策是顶层设计的最佳形态，为数据开放提供目标和指南。③ 我国当前的立法还未能有效支撑数据开放，在个人隐私、数据风险、数据使用条件等方面说明不足，数据开放的权责和类型未明确落实，政府、企业和公民的合法权益得不到有效保护。而政策中的相关规定依然比较笼统，未对数据开放的细节作出具有可操作性的硬性规定，个别城市可能因自身发展而转移工作重心。这些现实情况在一定程度上都延缓了政府数据开放的进程。

4. 数据资源开发理念滞后

我国政府数据开放工作起步较晚，与数据信息资源深度开发利用的理念滞后有关。与美国、欧盟相比，我国政府数据资源再利用的基础薄弱，缺乏相应的信息文化传统和有效的政策导向，政府数据资源开发利用的市场化运作经验不足，也不具有如欧美一样对数据进行增值利用的迫切性。④

二、组织障碍

1. 条块分割的组织结构

政府数据开放需要长期而系统的推进，不仅需要完善的制度体系作保障，更需要实体管理机构进行综合协调，与现有行政管理体制相结合，从而形成统一的数据治理的管理组织体系。我国政府组织结构呈现纵强横弱的特点，数据信息资源纵向

① Nahon K, Peled A. Data Ships: An Empirical Examination of Open (Closed) Government Data[C]//Hawaii International Conference on System Sciences, 2015.

② 马海群，洪伟达. 我国开放政府数据政策协同的先导性研究[J]. 图书馆建设，2018(04)：61-68.

③ 周文泓. 加拿大联邦政府开放数据分析及其对我国的启示[J]. 图书情报知识，2015(02)：106-114.

④ 马海群，汪宏帅. 我国政府开放数据战略的 SLEPT 分析及战略部署[J]. 情报科学，2016，34(03)：3-8.

共享和流转协同度高，横向则反之。然而，我国并未设立专门的实体管理机构来整体统筹政府数据开放工作，不健全的管理组织体系造成各机构部门各自为政、数据支离破碎的局面。一方面，机构部门重复采集信息资源，将数据视为部门所有，更不会向社会开放；另一方面，各机构部门没有达成统一的规范标准，数据整合效率和可用性堪忧。①

2. 风险规避的行政文化

中国长期以来形成了封闭的行政文化，不少公务员习惯在不对称的信息环境下施政。② 此外，数据开放的创新探索也意味着需要面临数据低质、部门利益损失等风险，因而政府部门更愿意沿袭传统。在实践过程中，政府数据开放缺乏强制性的法律规定或上级明确的硬性要求，相关部门在该问题上奉行不求有功、但求无过的惰性组织文化，习惯于尽量少开放、不开放、让其他部门先开放的方式，导致数据资源利用率不高。③

三、数据障碍

1. 数据质量高要求

在数据创建过程中，原始基础数据主要是数量堆积，并未关注数据的高价值性和一致性。④ 政府部门在收集和创建数据时，缺少对数据发布方式、流程等的统筹考虑。在数据发布过程中，政府部门无法完全掌控发布数据的使用情况、使用价值。在数据获取过程中，开放平台不统一导致数据重叠或分散，部门间的孤岛效应也大大降低了数据获取效率。而数据开放平台本身的易用性、导航和检索功能，也有可能制约使用效益。在数据的处理过程中，不可机读的数据影响着数据再用和关联。⑤ 而数据使用者对于数据处理方式和工具的选择，也影响着数据使用价值。⑥

---

① 杨瑞仙，毛春蕾，左泽. 国内外政府数据开放现状比较研究[J]. 情报杂志，2016，35(05)：167-172.

② 郑振宇. 发达国家政府数据开放体制机制和制度分析与启示[J]. 档案学研究，2018(05)：27-32.

③ 胡海波，高鹏. 面向用户服务的政府开放数据：一个概念性阐释框架[J]. 情报理论与实践，2018，41(06)：45-51.

④ Bertot J C，Gorham U，Jaeger P T，et al. Big data，Open Government and E-government：Issues，Policies and Recommendations[J]. Information Polity，2014，19(1，2)：5-16.

⑤ Melin U. Challenges and Benefits in an Open Data Initiative - Local Government Case Study of Myths and Realities[C]//Electronic Government and Electronic Participation：Joint Proceedings of On-going Research，PhD Papers，Posters and Workshops of IFIP EGOV and EPart 2016. IOS Press，2016，23：111.

⑥ 陈婧. 协同机制对政府开放数据的影响分析[J]. 情报资料工作，2017(02)：43-47.

在数据反馈过程中，数据提供者和使用者一般缺少数据反馈意识，使用者与负责数据维护的政府部门的联系沟通渠道不畅，导致反馈失效。①

政府数据开放的技术障碍，对开放数据质量有制约作用。② 具体包括数据标准、中央门户、体系结构、元标准、数据处理软件等缺乏，以及软件和应用程序的碎片化。③ 从用户体验的角度来看，在政府数据开放的如下方面也具有较多的技术障碍：可访问性、可搜索性、可用性、易理解性、可交互性等。④

2. 数据素养问题

数据素养在政府传递满足公众需求的数据产品和服务过程中发挥着重要的作用。政府机构目前面临着管理政府数据开放、数据分析的人才匮乏的窘境。现有的公务员对数据开放的巨大潜力存在认知局限，在管理开放数据和网站平台的技能上也有所欠缺。就公众而言，数据用户自身的障碍表现为没有使用动机、不了解开放数据的有用性、难以使用开放平台、数据利用能力欠缺等，因而无法与政府数据开放的战略实践形成良好的互动。⑤ 有专家对此建议，面对用户信息素养不足的情况，可通过增强相关平台的数据可视化功能以协助其对开放数据进行理解。⑥

3. 数据安全风险

政府数据开放需要权衡公众知情权与公众隐私权，平台数据的开放可能会带来信息安全风险，泄露商业机密，危害国家安全，⑦ 然而当前我国信息安全和隐私保护的法律保障工作不容乐观。数据开放平台运转随时面临病毒感染、黑客攻击、系

---

① Sáez Martín A，Rosario A H D，Pérez M D C C. An International Analysis of the Quality of Open Government Data Portals[J]. Social Science Computer Review，2016，34(3)：298-311.

② Zuiderwijk A，Janssen M，Dwivedi Y K. Acceptance and Use Predictors of Open Data Technologies：Drawing Upon the Unified Theory of Acceptance and Use of Technology[J]. Government Information Quarterly，2015，32(4)：429-440.

③ 宋迎法，张莹. 基于技术执行框架的开放政府数据障碍论析[J]. 电子政务，2018(07)：100-107.

④ Zuiderwijk A，Janssen M，Choenni S，et al. Socio-technical Impediments of Open Data[J]. Electronic Journal of E-government，2012，10(2)：152-176.

⑤ 黄如花，温芳芳. 我国政府数据开放共享政策问题的构建[J]. 图书情报工作，2017，61(20)：26-36.

⑥ Brugger J，Fraefel M，Riedl R，et al. Current Barriers to Open Government Data Use and Visualization by Political Intermediaries[C]//E-democracy and Open Government（CeDEM），Conference for IEEE，2016：219-229.

⑦ Janssen M，van den Hoven J. Big and Open Linked Data（BOLD）in Government：A Challenge to Transparency and Privacy[J]. 2015，32：363-368.

统崩溃等突发情况，所以相关政府部门需要对网络和数据安全技术、平台建设的标准化、规范化提高重视程度。①

四、经济阻碍

1. 产业链不成熟

除了组织准备和外部压力，预期收益对政府进行数据开放具有更关键的作用。②然而，政府数据参与数据产业的盈利模式和服务方式尚不明晰，缺少大规模、具有带动效应的行业龙头企业，政府数据开放产业链未形成。这导致以需求为导向的数据开放应用较少。产业链各个环节也无明显的上下游协作发展模式，由需求拉动数据开放的生态未形成，政府数据开发、利用和开放目前仅为政府自身的行政行为。③

2. 成本效益考量模糊

政府数据开放涉及数据的采集、清洗、存储、发布、分析和维护等诸多环节，对应地也需要政府部门人力、物力、财力等资源源源不断地投入。目前数据开放未纳入政务操作，没有具体预算、关键绩效指标，使得政府机构一般抗拒开放。④ 而且，数据开放产生的利益和价值难以衡量，部门之间的成本分摊和收益分配更难以界定。再加上数据开放不仅给相关部门带来了额外工作量，还会造成信息泄露的风险。因而，数据开放部门的职能、人员编制和财政预算，都制约着数据开放的成本效益评价，致使开放工作难以顺利进行。⑤

第三节　未来发展路径

一、完善数据开放政策体系

目前，我国中央以及各省市地方均出台了数据开放政策文件，对政府数据开放

① 征正，庄国波，陆晓燕. 我国数据统一开放平台建设的障碍及对策研究[J]. 科技与经济，2016，29(06)：11-15.

② Wang H J，Lo J. Adoption of Open Government Data Among Government Agencies[J]. Government Information Quarterly，2016，33(1)：80-88.

③ 范佳佳. 中外开放数据辅助政府治理现状比较研究[J]. 情报科学，2017，35(11)：38-45.

④ 谭军. 基于 TOE 理论架构的开放政府数据阻碍因素分析[J]. 情报杂志，2016，35(08)：150，175-178.

⑤ 王芳，陈锋. 国家治理进程中的政府大数据开放利用研究[J]. 中国行政管理，2015(11)：6-12.

的主体、目标、开放平台以及开放目录等进行了规定。但是，目前的数据开放政策体系也有许多不足之处，具体表现为：政策较粗略，不能指导具体实践活动；部分地方政府数据开放政策内容不全，政策规定标准不一；各地政策内容差距较大。基于此，根据现有的政府数据开放政策，完善我国数据开放政策体系势在必行。①

在政策内容方面，依据《促进大数据发展行动纲要》《国家信息化发展战略纲要》等战略性政策文件的指导，各地数据开放政策应分为宏观政策、具体政策以及补充政策。其中，宏观政策的基本内容应包括政府数据开放的目标、原则、计划、领导组织机构以及推进措施等。具体政策主要指对宏观政府数据开放政策进行细化的政策，主要包括数据组织、数据发布、数据质量、数据利用、数据维护等内容。补充政策是指对数据开放政策进行解读的一系列政策，补充以上两种政策遗漏或没有明确说明的内容。三种政府数据开放政策相互补充协调，构成完整的数据开放政策体系。值得注意的是，在制定政策时应坚持从客观实际出发，将数据开放政策与其他相关政策相联系，保证各项政策之间相互配合，避免出现政策冲突以及政策重复。②

在政策的连贯性方面，虽然我国部分城市每年都出台了对应的政府数据公开工作重点，但依然有城市的数据开放政策并不连贯，或者出台的政策内容重叠严重。研究国外的数据开放政策文件不难发现，发达国家制定数据开放政策都十分注重政策的连贯性。例如，英国从 2011 年开始制定了《开放政府伙伴关系英国国家行动计划 2011—2013》《开放政府伙伴关系英国国家行动计划 2013—2015》《英国开放政府国家行动计划 2016—2018》三份相互衔接的文件，保证本国政府数据开放的有序推进。因此，我国各地方制定政策文件时不仅要依据中央的指导意见制定地方数据开放政策，将政策细化，同时要依据现实情况，制订调整与延续数据开放进程的短期计划，形成完整的数据开放计划周期，保证有效、持续地推动数据开放工作。

二、健全数据开放组织机构

数据开放的组织机构是政府数据开放的行动主体。我国各地方自 2014 年以来就纷纷成立数据开放组织机构，明确地方政府数据开放的管理机构。目前我国政府数据开放管理机构主要有两种：一是经济与信息委员会（简称经信委），二是省、市政府。其中，当省、市政府作为政府数据开放的管理机构时，实际管理过程中容易出现跨部门协同困难、地方行动不统一等问题。以广东省为例，其下属各级政府

① Yang T M，Lo J，Shiang J. To Open or not to Open? Determinants of Open Government Data [J]. Journal of Information Science，2015，41(5)：596-612.

② 白献阳，孙梦皎，安小米. 大数据环境下我国政府数据开放政策体系研究[J]. 图书馆学研究，2018(24)：47，48-56.

根据省级数据开放政策成立了数据开放推进组织，但由于缺乏统一规范，成立的组织各不相同，职能交叉局面时有发生，这造成了资源的浪费和效率的低下。①

因此，我国有必要健全数据开放组织机构，而健全数据开放组织机构的关键是建立强有力的统一协调机构，明确各省数据开放的行动主体，并在地方设置对应机构以承接上级分配的数据开放任务。首先，在国家层面上明确大数据发展部际联席会议的权责义务，以便发挥其协调联动作用，不断制定数据开放政策以完善我国数据开放政策体系，推进我国数据开放工作不断向前发展。其次，将国家发展改革委和中央网信办作为政府数据开放的领导机构，跨部门指导政府数据开放工作，制定并执行数据开放政策，同时对其他组织机构的数据开放工作进行审核监督。最后，地方政府依据上级的机构设置数据开放主管部门，根据中央及省的数据开放文件指示进行政府数据开放的具体工作。建立统一的政府数据开放行动主体并形成从中央到地方的数据开放管理行动体系，将能有效保证政府数据开放文件的落实，促进中国政府数据开放与共享的进程。②

三、改进创新数据开放平台

1. 建设开源式数据开放平台

目前，我国中央及地方数据开放平台存在如下问题：重复开发；数据格式、标准混乱；平台质量良莠不齐；技术更迭慢；内容更新慢等。为了解决上述问题，改进现在的数据开放平台或针对现在数据开放平台的不足进行创新十分必要。为此，可以借鉴国外数据开放平台建设的经验，建设开源模式的数据开放平台，例如美国加大对数据开放软件购买的财政支出，以此提高政府系统内部数据共享的效率。开源式的数据开放平台可以降低数据共享成本，最大限度地避免数据重复以及格式标准混乱等问题。

2. 依托云平台建设政府数据开放平台

云平台是一种大规模可开放使用的标准化计算基础设施，具有初期投入低、可扩展性强、易管理等特点。依托云平台建设政府数据开放平台，可以促进政府与企业、社会组织的交流合作。但是，目前我国的云平台服务商大多只能提供“基础设施即服务”(IaaS)和“平台即服务”(PaaS)，难以提供“软件即服务”(SaaS)的使用

---

① 陈美. 澳大利亚地方政府开放数据的保障机制研究——基于多元公共行政观的视角[J]. 情报理论与实践，2017，40(12)：111，139-144.

② 白献阳，孙梦皎，安小米. 大数据环境下我国政府数据开放政策体系研究[J]. 图书馆学研究，2018(24)：47，48-56.

模式，不利于我国当下及未来的大规模政府数据开放和共享。因此，鼓励政府相关部门和优势企业有针对性地进一步开发云平台功能，将有力推动我国的政府数据开放事业。①

四、建设开放数据标准规范

虽然目前我国各省市均建设了政府数据开放平台，但是各省市数据开放平台提供的数据格式不一、数据不规范，导致其有效利用率较低②。要解决上述问题，首先要针对各个数据开放平台建立共同的开放数据标准，准确定义数据的概念并明确数据质量的判断标准，同时也需要地方政府对开放的数据质量进行严格把关，删除重复数据和质量较低的数据。另外，对数据开放平台、元数据、数据目录、数据格式、数据质量标准、数据访问许可等进行明确的规定，也会有利于各地数据开放平台的数据格式、质量趋于一致，推进数据共享，提高数据利用率。③

五、构建良好的数据开放环境

构建良好的数据开放环境，首先要加强对政府数据开放工作的宣传。对政府数据开放工作的宣传途径主要包括两个方面，第一是利用报纸、电视、互联网等媒体宣传政府数据开放政策并介绍政府数据开放平台，增进市民对数据开放政策及数据开放平台的理解，帮助市民熟练使用数据开放平台。这将数据开放工作与社会公众相联系，有利于发挥数据开放的作用，同时也能根据社会需求改善数据开放工作。第二是向用户宣传规范正确地使用数据开放平台，为政府数据开放营造良好的社会环境。

构造良好的数据开放环境，还需要构建文化的“软约束”。目前，我国的数据开放事业还面临某些利益相关部门不愿意开放数据的阻碍。究其原因，首先是开放数据将使某些部门利益受损，其次是由于官员的“风险规避”观念，导致其在政府数据开放事业上“不求有功，但求无过”的行为方式。因此，要推进政府数据开放，就要塑造政府数据开放“功在当代，利在千秋”的价值观，强化官员对政府数据开放的认同，主动推进政府数据开放工作。④

---

① 吴湛微，孙欣睿，萧若薇. 当开放数据遇到开源生态：开放政府数据平台建设模式比较研究[J]. 图书馆杂志，2018，37(05)：82-90.

② Zuiderwijk A，Janssen M，Choenni S，et al. Socio-technical Impediments of Open Data[J]. Electronic Journal of E-government，2012，10(2).

③ 白献阳，孙梦皎，安小米. 大数据环境下我国政府数据开放政策体系研究[J]. 图书馆学研究，2018(24)：47，48-56.

④ 郑振宇. 发达国家政府数据开放体制机制和制度分析与启示[J]. 档案学研究，2018(05)：27-32.

参考文献

1.《2018 联合国电子政务调查报告(中文版)》发布[J]. 电子政务，2018(10)：49.
2. 白献阳，孙梦皎，安小米. 大数据环境下我国政府数据开放政策体系研究[J]. 图书馆学研究，2018(24)：47，48-56.
3. 鲍静，张勇进，董占广. 我国政府数据开放管理若干基本问题研究[J]. 行政论坛，2017，24(01)：25-32.
4. 蔡婧璇，黄如花. 美国政府数据开放的政策法规保障及对我国的启示[J]. 图书与情报，2017(01)：10-17.
5. 陈婧. 协同机制对政府开放数据的影响分析[J]. 情报资料工作，2017(02)：43-47.
6. 陈美. 澳大利亚地方政府开放数据的保障机制研究——基于多元公共行政观的视角[J]. 情报理论与实践，2017，40(12)：111，139-144.
7. 陈美. 政府数据开放利用：内涵、进展与启示[J]. 图书馆建设，2017(09)：44-50，77.
8. 陈美. 智慧城市建设中数据开放保障研究[J]. 现代情报，2018，38(11)：39-43，89.
9. 陈萌. 澳大利亚政府数据开放的政策法规保障及对我国的启示[J]. 图书与情报，2017(01)：18-26.
10. 陈涛，李明阳. 数据开放平台建设策略研究——以武汉市政府数据开放平台建设为例[J]. 电子政务，2015(07)：46-52.
11. 陈章旺，柯玉珍，孙湘湘. 我国众创空间产业政策评价与改进策略[J]. 科技管理研究，2018，38(06)：18-24.
12. 崔旭，赵希梅，何颖，王晓文，韩子鹤. 政府数据开放评价体系研究[J]. 科技管理研究，2018，38(01)：256-260.
13. 迪莉娅. "反公地悲剧"视角下的政府数据开放研究[J]. 情报理论与实践，2016，39(07)：8，56-60.
14. 迪莉娅. 国外政府数据开放研究[J]. 图书馆论坛，2014，34(09)：86-93.

15. 丁辉侠. 地方政府大数据治理：行动、挑战与应对[J]. 郑州大学学报(哲学社会科学版), 2018, 51(01): 76-80.
16. 东方. 国内外政府数据开放平台调查与分析[J]. 现代情报, 2017, 37(10): 93-98.
17. 董昕. 中国农民工的住房政策及评价(1978—2012年)[J]. 经济体制改革, 2013(02): 70-74.
18. 堵琴囡. 公共政策制定中的时间研究——以S市“小汽车限购”政策为例[J]. 北京科技大学学报(社会科学版), 2018, 34(03): 92-99.
19. 杜振华, 茶洪旺. 政府数据开放问题探析[J]. 首都师范大学学报(社会科学版), 2016(05): 74-80.
20. 范佳佳. 中外开放数据辅助政府治理现状比较研究[J]. 情报科学, 2017, 35(11): 38-45.
21. 付超. 地方政府服务创新背景下数据开放共享的SWOT分析[J]. 贵州广播电视大学学报, 2018, 26(02): 52-60.
22. 复旦大学. 2018中国地方政府数据开放报告[R]. 上海: 复旦大学, 2018: 15-17.
23. 何玉洁. 构建审计分析数据仓库中的数据清理及转换技术[J]. 计算机教育, 2009(08): 89, 129-132.
24. 胡海波, 高鹏. 面向用户服务的政府开放数据: 一个概念性阐释框架[J]. 情报理论与实践, 2018, 41(06): 45-51.
25. 胡逸芳, 林焱. 加拿大政府数据开放政策法规保障及对中国的启示[J]. 电子政务, 2017(05): 2-10.
26. 黄如花, 刘龙. 英国政府数据开放的政策法规保障及对我国的启示[J]. 图书与情报, 2017(01): 1-9.
27. 黄如花, 温芳芳. 我国政府数据开放共享的政策框架与内容: 国家层面政策文本的内容分析[J]. 图书情报工作, 2017, 61(20): 12-25.
28. 黄如花, 温芳芳. 我国政府数据开放共享政策问题的构建[J]. 图书情报工作, 2017, 61(20): 26-36.
29. 黄雨婷, 黄如花. 丹麦政府数据开放的政策法规保障及对我国的启示[J]. 图书与情报, 2017(01): 27-36.
30. 霍媛. 我国残疾人社会福利政策评价与展望——基于社会福利政策研究的四维框架[J]. 劳动保障世界, 2015(S2): 160-162.
31. 季统凯, 刘甜甜, 伍小强. 政府数据开放: 概念辨析、价值与现状分析[J]. 北京工业大学学报, 2017, 43(03): 327-334.

32. 江振强，杨鸿. 广东省政府数据开放发展建设探索[J]. 电子产品可靠性与环境试验，2018，36(S1)：200-203.
33. 姜鑫，马海群. 开放政府数据评估方法与实践研究——基于《全球开放数据晴雨表报告》的解读[J]. 现代情报，2016，36(09)：22-26.
34. 李华清. 网络安全威胁和网络监管的现状、问题及对策研究[D]. 上海交通大学，2007.
35. 李燕，张淑林，陈伟. 英国政府数据开放的实践、经验与启示[J]. 情报科学，2016，34(08)：148-152.
36. 李永春，谢安. 澳大利亚政府开放数据的演变及启示[J]. 中国统计，2015(08)：28-29.
37. 李宇霄. 面向智慧城市建设的开放政府数据政策研究[D]. 黑龙江大学，2018.
38. 刘成. 省级政府数据开放共享政策动态扩散分析[J]. 电子政务，2018(09)：37-46.
39. 马海群，洪伟达. 我国开放政府数据政策协同的先导性研究[J]. 图书馆建设，2018(04)：61-68.
40. 马海群，汪宏帅. 我国政府开放数据战略的 SLEPT 分析及战略部署[J]. 情报科学，2016，34(03)：3-8.
41. 马海群，邹纯龙. 政府数据开放程度评价体系研究[J]. 现代情报，2018，38(09)：4-11.
42. 梅洪. 政府开放数据平台分析与建设策略[D]. 苏州大学，2017.
43. 彭晓凤. 地方政府公共政策执行中的偏差与矫正研究[D]. 重庆大学，2017.
44. 钱晓红，胡芒谷. 政府开放数据平台的构建及技术特征[J]. 图书情报知识，2014(03)：124-129.
45. 申宇. 关于我国延迟退休的政策评价和设计[J]. 知识经济，2019(01)：39-40.
46. 沈亚平，许博雅. "大数据"时代政府数据开放制度建设路径研究[J]. 四川大学学报(哲学社会科学版)，2014(05)：111-118.
47. 石岱. 我国政府开放数据政策评价研究[D]. 黑龙江大学，2016.
48. 宋瑞鲁. 全球电子政务发展的价值取向[D]. 吉林大学，2011.
49. 宋魏巍. 中国政府数据开放协同机制研究[J]. 南京社会科学，2018(02)：63-68，82.
50. 宋迎法，张莹. 基于技术执行框架的开放政府数据障碍论析[J]. 电子政务，2018(07)：100-107.
51. 孙艳艳，吕志坚. 中国开放政府数据发展策略浅析[J]. 电子政务，2015(05)：18-24.

52. 谭必勇，陈艳. 我国开放政府数据平台数据质量研究——以十省、市为研究对象[J]. 情报杂志，2017，36(11)：99-105.
53. 谭必勇，刘芮. 我国地方政府开放数据政策研究——以 15 个副省级城市为例[J]. 情报理论与实践，2018，41(11)：51-56.
54. 谭海波，张楠. 政府数据开放：历史、价值与路径[J]. 学术论坛，2016，39(06)：31-34，53.
55. 谭军. 基于 TOE 理论架构的开放政府数据阻碍因素分析[J]. 情报杂志，2016，35(08)：150，175-178.
56. 唐新建. 河北省开放政府数据平台设计研究[D]. 河北大学，2017.
57. 汪雷，邓凌云. 基于大数据视角的政府数据开放保障机制初探[J]. 情报理论与实践，2017，40(02)：77-79.
58. 汪松兴. 基于标杆管理的开放政府数据评估方法及其应用研究[D]. 南京大学，2016.
59. 王本刚，马海群. 开放政府数据的政策比较研究[J]. 情报资料工作，2017(06)：33-40.
60. 王迪. 开放政府数据评估体系比较研究[J]. 情报资料工作，2017(05)：27-33.
61. 王法硕，王翔. 我国政府数据开放利用的影响因素与实现路径——一项基于扎根理论的质性研究[J]. 情报杂志，2016，(07)：151-157.
62. 王芳，陈锋. 国家治理进程中的政府大数据开放利用研究[J]. 中国行政管理，2015(11)：6-12.
63. 王珊，萨师煊. 数据库系统概率(第 5 版)[M]. 北京：高等教育出版社，2014.
64. 王斯妤. 中国政府数据开放：现状问题与策略选择[D]. 吉林大学，2016.
65. 韦忻伶，安小米，李雪梅，明欣，余维健. 开放政府数据评估体系述评：特点分析[J]. 图书情报工作，2017，61(18)：119-127.
66. 魏凤. 俄罗斯粮食安全现状及其政策评价[J]. 农村经济，2009(08)：115-119.
67. 魏后凯，袁晓勐. 我国西部大开发税收政策评价及调整方向[J]. 税务研究，2010(02)：3-8.
68. 温芳芳，常大伟，季一欣. 国内开放政府数据政策研究述评[J]. 图书情报工作，2018，62(18)：140-148.
69. 吴金鹏，韩啸. 制度环境、府际竞争与开放政府数据政策扩散研究[J]. 现代情报，2019，39(03)：77-85.
70. 吴湛微，孙欣睿，萧若薇. 当开放数据遇到开源生态：开放政府数据平台建设模式比较研究[J]. 图书馆杂志，2018，37(05)：82-90.
71. 武琳，刘珺. 数据消费与孵化创新——开放政府数据商业应用发展趋势[J]. 情报资料工作，2016(03)：90-94.
72. 夏义堃. 国际比较视野下我国开放政府数据的现状、问题与对策[J]. 图书情报工作，2016，60(07)：34-40.
73. 夏义堃. 国际组织开放政府数据评估方法的比较与分析[J]. 图书情报工作，2015，59(19)：75-83.
74. 徐慧娜，郑磊，Pardo T. 国外政府数据开放研究综述：公共管理的视角[J]. 电子政务，2013(06)：2-7.
75. 徐慧娜，郑磊. 面向用户利用的开放政府数据平台：纽约与上海比较研究[J]. 电子政务，2015(07)：37-45.
76. 徐曼莉. 大数据环境下我国政府数据开放路径研究[D]. 南京师范大学，2017.
77. 徐铭. 基于价值共创的政府数据开放平台评估方法研究[D]. 南京大学，2018.
78. 徐勇，高秉雄. 地方政府学[M]. 北京：高等教育出版社，2006：4
79. 闫倩，马海群. 我国开放数据政策与数据安全政策的协同探究[J]. 图书馆理论与实践，2018(05)：1-6.
80. 杨菲菲. 国外政府数据开放门户网站建设研究[D]. 燕山大学，2016.
81. 杨孟辉. 开放政府数据：概念、实践和评价[M]. 北京：清华大学出版社，2017.
82. 杨墨. 论政府办公厅(室)的行政监督权[J]. 秘书，2018(06)：88-92.
83. 杨瑞仙，毛春蕾，左泽. 国内外政府数据开放现状比较研究[J]. 情报杂志，2016，35(05)：167-172.
84. 杨玉莹. 大数据时代下政府数据开放的挑战与对策研究[J]. 四川行政学院学报，2017(02)：12-16.
85. 叶厚元，顾娟. 基于过程控制的公共政策评估理论与方法探索[J]. 中国公共政策评论，2017，13(02)：153-175.
86. 易涛. "最多跑一次"改革背景下档案数据壁垒的生成与消解[J]. 浙江档案，2018(12)：14-17.
87. 余奕昊，李卫东. 我国地方政府数据开放平台现状、问题及优化策略——基于10个地方政府数据开放平台的研究[J]. 电子政务，2018(10)：99-114.
88. 岳岩明. 数据和信息的区别[J]. 财会通讯，1984(S2)：25.
89. 翟军，陶晨阳，李晓彤. 开放政府数据质量评估研究进展及启示[J]. 图书馆，2018(12)：74-79.
90. 翟军，翁丹玉，袁长峰，林岩. 英国政府开放数据的"国家信息基础设施"建设及启示[J]. 情报科学，2017，35(06)：107-114.
91. 张明. 当前国际政府数据开放进程[J]. 国际研究参考，2014(09)：25-28，33.

92. 张世明，谢安. 英国政府开放数据的实践及启示[J]. 中国统计，2016(02)：34-36.
93. 张晓娟，孙成，向锦鹏. 基于开放数据晴雨表的我国政府数据开放提升路径分析[J]. 图书情报知识，2017(06)：60-72.
94. 张欣然. 中国政府大数据开放研究[D]. 辽宁师范大学，2017.
95. 张一青. 中国政府数据开放存在的主要问题和对策研究[D]. 辽宁师范大学，2018.
96. 张毅菁. 从信息公开到数据开放的全球实践——兼对上海建设"政府数据服务网"的启示[J]. 情报杂志，2014，33(10)：175-178，183.
97. 张子良，马海群. 我国政府数据开放平台利用效果比较研究[J]. 数字图书馆论坛，2016(06)：8-15.
98. 赵需要. 政府信息公开到政府数据开放的嬗变[J]. 情报理论与实践，2017，40(04)：1-9.
99. 征正，庄国波，陆晓燕. 我国数据统一开放平台建设的障碍及对策研究[J]. 科技与经济，2016，29(06)：11-15.
100. 郑磊，高丰. 我国开放政府数据平台研究：框架、现状与建议[J]. 电子政务，2015(07)：8-16.
101. 郑磊，熊久阳. 中国地方政府开放数据研究：技术与法律特性[J]. 公共行政评论，2017，10(01)：53-73，206.
102. 郑磊. 把数据取之于民、用之于民、还之于民[J]. 中国经贸导刊，2016(16)：38.
103. 郑跃平，刘美岑. 开放数据评估的现状及存在问题——基于国外开放数据评估的对比和分析[J]. 电子政务，2016(08)：84-93.
104. 郑振宇. 发达国家政府数据开放体制机制和制度分析与启示[J]. 档案学研究，2018(05)：27-32.
105. 中国行政管理学会课题组，鲍静，贾凌民，张勇进，黄璜. 我国政府数据开放顶层设计研究[J]. 中国行政管理，2016(11)：6-12.
106. 中国信息化百人会召开"如何推动中国公共数据开放的政策环境和安全保障建设"公共政策双周圆桌会议[J]. 电子政务，2014(11)：15.
107. 周文泓. 加拿大联邦政府开放数据分析及其对我国的启示[J]. 图书情报知识，2015(02)：106-114.
108. 朱贝，盛小平. 英国政府开放数据政策研究[J]. 图书馆论坛，2016，36(03)：120，121-127.
109. 朱琳，张鑫. 美国政府数据开放政策与实践研究[J]. 情报杂志，2017，36

(04): 98-105, 176.

110. 朱玲玲. 基于开放数据晴雨表的我国政府数据开放研究[D]. 安徽大学, 2018.

111. 邹开亮, 郭金玉. 大数据时代政府公共数据开放对政府职能转变的推动作用[J]. 宜春学院学报, 2018, 40(10): 43-46.

112. Alexopoulos C, Loukis E, Charalabidis Y. A Methodology for Determining the Value Generation Mechanism and the Improvement Priorities of Open Government Data Systems[J]. Computer Science and Information Systems, 2016, 13(1): 237-258.

113. Attard J, Orlandi F, Scerri S, et al. A Systematic Review of Open Government Data Initiatives[J]. Government Information Quarterly, 2015, 32(4): 399-418.

114. Bertot J C, Gorham U, Jaeger P T, et al. Big Data, Open Government and E-government: Issues, Policies and Recommendations[J]. Information Polity, 2014, 19(1, 2): 5-16.

115. Brugger J, Fraefel M, Riedl R. Current Barriers to Open Government Data Use and Visualization by Political Intermediaries[C]. E-democracy and Open Government (CeDEM), Conference for IEEE, 2016: 219-229.

116. Charalabidis Y, Alexopoulos C, Loukis E. A Taxonomy of Open Government Data Research Areas and Topics[J]. Journal of Organizational Computing and Electronic Commerce, 2016, 26(1-2): 41-63.

117. Cruz R A B, Lee H J. A Socio-technical Model for Open Government Data Research[J]. Asia Pacific Journal of Information Systems, 2016, 26(3): 339-366.

118. Huang R, Lai T, Zhou L. Proposing a Framework of Barriers to Opening Government Data in China: A Critical Literature Review[J]. Library Hi Tech, 2017, 35(3): 421-438.

119. Janssen M, Charalabidis Y, Zuiderwijk A. Benefits, Adoption Barriers and Myths of Open Data and Open Government[J]. Information Systems Management, 2012, 29(4): 258-268.

120. Janssen M, van den Hoven J. Big and Open Linked Data(BOLD) in Government: A Challenge to Transparency and Privacy[J]. 2015, 32: 363-368.

121. Jetzek T, Avital M, Bjorn-Andersen N. Data-driven Innovation Through Open Government Data[J]. Journal of Theoretical and Applied Electronic Commerce Research, 2014, 9(2): 100-120.

122. Kassen M. A Promising Phenomenon of Open Data: A Case Study of the Chicago

Open Data Project [J]. Government Information Quarterly, 2013, 30 (4): 508-513.

123. Liao P C, Zhang K, Wang T, et al. Integrating Bibliometrics and Roadmapping: A Case of Strategic Promotion for the Ground Source Heat Pump in China[J]. Renewable & Sustainable Energy Reviews, 2016, 57: 292-301.

124. McDermott P. Building Open Government[J]. Government Information Quarterly, 2010, 27(4): 401-413.

125. Melin U. Challenges and Benefits in an Open Data Initiative – Local Government Case Study of Myths and Realities[C]//Electronic Government and Electronic Participation: Joint Proceedings of Ongoing Research, PhD Papers, Posters and Workshops of IFIP EGOV and EPart 2016. IOS Press, 2016, 23: 111.

126. Nahon K, Peled A. Data Ships: An Empirical Examination of Open(Closed) Government Data [C]//Hawaii International Conference on System Sciences. IEEE, 2015.

127. Nascimento F R, Cesar da Rocha J, Garcia A C. Automated Evaluation of Open Government Data Portals: A Case Study[J]. International Journal of Electronic Government Research(IJEGR), 2018, 14(3), 57-72.

128. Origlia C, Cersosimo D, Bianchi T, et al. Assessing an Open Government Data Initiative. The Case of Open Coesione[C]//E-democracy and Open Government (CeDEM), Conference for IEEE, 2016: 164-171.

129. Parycek P, Hochtl J, Ginner M. Open Government Data Implementation Evaluation [J]. Journal of Theoretical and Applied Electronic Commerce, 2014(9): 80-99.

130. Sáez Martín A, Rosario A H D, Pérez M D C C. An International Analysis of the Quality of Open Government Data Portals[J]. Social Science Computer Review, 2016, 34(3): 298-311.

131. Veljković N, Bogdanović-Dinić S, Stoimenov L. Benchmarking Open Government: An Open Data Perspective[J]. Government Information Quarterly, 2014, 31(2): 278-290.

132. Vetroa, Canova L, Torchiano M, et al. Open Data Quality Measurement Framework: Definition and Application to Open Government Data[J]. Government Information Quarterly, 2016, 33(2): 325-337.

133. Wang H J, Lo J. Adoption of Open Government Data Among Government Agencies [J]. Government Information Quarterly, 2016, 33(1): 80-88.

134. Yang T M, Lo J, Shiang J. To Open or not to Open? Determinants of Open Gov-

ernment Data[J]. Journal of Information Science, 2015, 41(5): 596-612.

135. Yannoukakou A, Araka I. Access to Government Information: Right to Information and Open Government Data Synergy[J]. Procedia-Social and Behavioral Sciences, 2014, 147: 332-340.

136. Zeleti F A, Ojo A, Curry E. Exploring the Economic Value of Open Government Data[J]. Government Information Quarterly, 2016, 33(3): 535-551.

137. Zuiderwijk A, Janssen M, Dwivedi Y K. Acceptance and Use Predictors of Open Data Technologies: Drawing upon the Unified Theory of Acceptance and Use of Technology[J]. Government Information Quarterly, 2015, 32(4): 429-440.

138. Zuiderwijk A, Janssen M, Choenni S, et al. Socio-technical Impediments of Open Data[J]. Electronic Journal of E-government, 2012, 10(2): 152-176.

附录一　省级行政区政府数据开放相关政策列表

序号	省级行政区	序号	政策文件	发布日期
1	北京市	1	《北京市人民政府关于积极推进“互联网+”行动的实施意见》	2016.1.9
		2	《关于全面推进政务公开工作的实施意见》	2016.6.8
		3	《北京市大数据和云计算发展行动计划(2016—2020年)》	2016.8.3
		4	《北京市“十三五”时期信息化发展规划》	2016.12.1
		5	《北京市人民政府办公厅关于贯彻落实〈政府网站发展指引〉的实施意见》	2017.12.7
2	上海市	1	《关于推进政府信息资源向社会开放利用工作的实施意见》	2014.5.5
		2	《上海市推进“互联网+”行动实施意见》	2016.2.1
		3	《上海市大数据发展实施意见》	2016.9.15
		4	《上海市推进智慧城市建设“十三五”规划》	2016.9.19
		5	《本市落实〈国务院关于加快推进“互联网+政务服务”工作的指导意见〉工作方案》	2017.1.12
		6	《2017年上海市政府电子政务重点工作安排》	2017.2.23
		7	《关于全面推进政务公开工作的实施意见》	2017.5.14
		8	《上海市政务数据资源共享和开放2017年度工作计划》	2017.8.15
		9	《上海市公共数据和一网通办管理办法》	2018.9.30

续表

序号	省级行政区	序号	政策文件	发布日期
3	重庆市	1	《重庆市大数据行动计划》	2013.7.30
		2	《重庆市深入推进智慧城市建设总体方案(2015—2020年)》	2015.9.2
		3	《重庆市“十三五”信息化规划》	2017.8.15
4	浙江省	1	《浙江省“互联网+”行动计划》	2016.1.14
		2	《浙江省促进大数据发展实施计划》	2016.2.18
		3	《浙江省信息化发展“十三五”规划(“数字浙江 2.0”发展规划)》	2016.8.3
		4	《浙江省深化“互联网 + 政务服务”工作方案》	2017.3.14
		5	《浙江省公共数据和电子政务管理办法》	2017.3.16
		6	《打破信息孤岛实现数据共享推进“最多跑一次”改革2018 年工作要点》	2018.3.28
5	广东省	1	《广东省促进大数据发展行动计划(2016—2020 年)》	2016.4.22
		2	《广东省人民政府办公厅关于运用大数据加强对市场主体服务和监管的实施意见 》	2016.6.24
		3	《关于我省全面推进政务公开工作实施意见》	2016.8.2
		4	《广东省加快推进 “互联网 +政务服务” 工作方案》	2016.12.30
		5	《广东省政务信息系统整合共享工作方案》	2017.10.30
6	贵州省	1	《省人民政府关于推进“互联网+”行动的实施意见》	2015.10.30
		2	《贵州省政务数据资源管理暂行办法》	2016.11.1
		3	《省人民政府关于深入推进“互联网+政务服务”工作的实施意见》	2016.12.27
		4	《贵州省数字经济发展规划(2017—2020 年)》	2017.2.6
		5	《省人民政府办公厅关于深入贯彻落实〈政府网站发展指引〉的通知》	2017.8.22
		6	《2018 全省大数据发展工作要点》	2018.3.22
		7	《贵州省 2018 年政务公开工作要点》	2018.5.24
		8	《关于促进大数据云计算人工智能创新发展加快建设数字贵州的意见》	2018.6.11

续表

序号	省级行政区	序号	政策文件	发布日期
7	山东省	1	《关于贯彻国办发〔2014〕66 号文件加快推进电子政务协调发展的实施意见》	2015.12.31
		2	《关于促进大数据发展的意见》	2016.10.27
		3	《山东省加快推进“互联网+政务服务”工作方案》	2017.3.19
8	江西省	1	《关于加快推进“互联网+”行动的实施方案》	2015.8.28
		2	《促进大数据发展实施方案》	2016.1.23
		3	《江西省大数据发展行动计划》	2017.7.15
		4	《关于加强全省电子政务外网建设管理工作的指导意见》	2018.10.9
9	宁夏回族自治区	1	《宁夏回族自治区政务信息资源开放共享管理规定(草案)》	2018.4.21
		2	《宁夏回族自治区 2018 年政务公开工作要点》	2018.6.1
10	安徽省	1	《关于促进电子政务协调发展的实施意见》	2015.4.22
		2	《2016 年全省政务公开政务服务工作要点》	2016.4.17
		3	《2017 年省政府重点工作及责任分解》	2017.1.26
11	福建省	1	《全面推进政务公开工作实施意见》	2016.12.18
		2	《2017 年数字福建工作要点》	2017.3.27
		3	《2018 年数字福建工作要点》	2018.4.2
		4	《2018 年政务公开工作主要任务分解表》	2018.5.18
12	甘肃省	1	《甘肃省深入推进“互联网+”行动实施方案》	2015.12.12
		2	《关于全面推进政务公开工作的实施意见》	2016.8.16
		3	《甘肃省深入推进“互联网+政务服务”工作方案》	2017.2.7
		4	《甘肃省 2018 年政务公开工作要点》	2018.5.23
13	广西壮族自治区	1	《推进政务数据资源共享开放和业务协同工作方案》	2016.1.6
		2	《广西政务信息资源共享管理暂行办法》	2016.10.21
		3	《促进大数据发展的行动方案》	2016.11.11
		4	《加快推进网上政府服务工作实施方案》	2016.12.7
		5	《全区政务信息系统整合共享工作要点》	2017.9.22
		6	《广西推进数字政府建设三年行动计划(2018—2020 年)》	2018.8.29
		7	《广西数字政务一体化平台建设方案》	2018.11.28

续表

序号	省级行政区	序号	政策文件	发布日期
14	海南省	1	《海南省促进大数据发展实施方案》	2016.11.25
		2	《海南省加快推进"互联网+政务服务"工作方案》	2016.12.9
		3	《海南省政务信息整合共享专项行动实施方案》	2017.9.30
		4	《海南省公共信息资源管理办法》	2018.5.25
15	河北省	1	《河北省发展和改革委员会办公室印发〈关于加快推进"互联网+政务服务"工作的实施方案〉的通知》	2017.4.10
		2	《河北省人民政府办公厅关于印发河北省信息化发展"十三五"规划的通知》	2017.1.17
		3	《河北省人民政府办公厅关于印发进一步深化"互联网+政务服务"推进政务服务"一网、一门、一次"改革工作方案的通知》	2018.8.22
		4	《河北省人民政府办公厅关于在政务公开工作中进一步做好政务舆情回应的通知》	2016.9.27
16	河南省	1	《河南省人民政府办公厅关于进一步加强政府信息公开工作的意见》	2014.5.30
		2	《河南省人民政府办公厅关于推进重点领域政府信息公开工作的通知》	2015.8.12
		3	《河南省人民政府办公厅关于印发河南省"十三五"信息化发展规划的通知》	2017.1.9
		4	《河南省人民政府办公厅关于印发河南省大数据产业发展三年行动计划(2018—2020年)的通知》	2018.5.9
		5	《河南省人民政府办公厅关于印发河南省政务信息资源共享管理暂行办法的通知》	2018.1.8
		6	《河南省人民政府关于推进云计算大数据开放合作的指导意见》	2015.10.8
		7	《河南省人民政府关于印发河南省"互联网+"行动实施方案的通知》	2015.10.8
		8	《河南省人民政府关于印发河南省加快推进"互联网+政务服务"工作方案的通知》	2017.2.22

续表

序号	省级行政区	序号	政策文件	发布日期
17	黑龙江省	1	《黑龙江省机关事务管理局关于印发〈政务公开工作实施方案〉的通知》	2016.7.6
		2	《黑龙江省人民政府办公厅关于推进重大建设项目批准和实施领域政府信息公开的实施意见》	2018.4.26
		3	《黑龙江省人民政府办公厅关于"互联网+政务服务"技术体系建设的实施意见》	2017.5.27
		4	《黑龙江省人民政府办公厅关于加快全省电子政务集约化发展的实施意见》	2016.12.30
18	湖北省	1	《省人民政府办公厅关于印发2016年全省政务公开和政务服务工作要点的通知》	2016.2.27
		2	《省人民政府关于加快推进"互联网+政务服务"工作的实施意见》	2016.12.30
		3	《省人民政府关于印发湖北省大数据发展行动计划（2016—2020年）的通知》	2016.9.14
		4	《省人民政府办公厅关于推进公共资源配置领域政府信息公开的实施意见》	2018.5.20
		5	《省人民政府办公厅关于印发〈湖北省政务信息资源共享管理办法〉和〈湖北省政务信息化项目建设管理办法〉的通知》	2018.9.26
		6	《省人民政府办公厅关于印发2017年全省政务公开工作要点的通知》	2017.5.13
		7	《省人民政府办公厅关于印发2018年政务公开和政务服务工作要点的通知》	2018.6.24
		8	《省人民政府关于印发湖北省深化"互联网+政务服务"推进"一网、一门、一次"改革工作方案的通知》	2018.7.25
19	湖南省	1	《湖南省人民政府办公厅关于促进电子政务协调发展与深化应用的实施意见》	2016.4.29
		2	《湖南省人民政府办公厅关于印发2016年政务公开工作要点的通知》	2016.5.19

续表

序号	省级行政区	序号	政策文件	发布日期
19	湖南省	3	《湖南省人民政府办公厅关于印发 2017 年湖南省政务公开工作要点的通知》	2017.5.5
		4	《湖南省人民政府办公厅关于印发湖南省 2018 年政务公开工作要点的通知》	2018.5.17
		5	《湖南省人民政府办公厅关于印发湖南省实施“互联网+”三年行动计划的通知》	2015.10.11
		6	《中共湖南省委办公厅 湖南省人民政府办公厅印发〈关于全面推进政务公开工作的实施意见〉的通知》	2016.10.12
		7	《湖南省人民政府关于印发〈湖南省政务信息资源共享管理办法(试行)〉的通知》	2017.11.22
20	陕西省	1	《陕西省人民政府关于加快推进全省“互联网+政务服务”工作的实施意见》	2017.1.9
		2	《陕西省人民政府关于积极推进“互联网+”行动的实施意见》	2016.3.31
		3	《陕西省人民政府办公厅关于印发 2016 年政务公开工作要点任务分解细化方案的通知》	2016.5.31
21	四川省	1	《四川省人民政府办公厅关于印发 2018 年全省政务信息系统整合共享工作重点任务的通知》	2018.2.24
		2	《四川省人民政府关于印发加快推进四川省一体化政务服务平台建设进一步深化“互联网+政务服务”工作实施方案的通知》	2018.11.5
		3	《四川省人民政府办公厅关于印发四川省 2017 年政务公开工作要点的通知》	2017.5.3
		4	《四川省人民政府办公厅关于印发四川省推进“互联网+政务服务”开展信息惠民试点实施方案的通知》	2016.10.28
22	天津市	1	《天津市人民政府办公厅关于印发 2018 年天津市政务公开工作要点的通知》	2018.6.9
		2	《天津市加快推进“互联网+政务服务”工作实施方案的通知》	2016.12.30

续表

序号	省级行政区	序号	政策文件	发布日期
22	天津市	3	《天津市人民政府办公厅转发市发展改革委关于积极推进“互联网+”行动实施意见的通知》	2016.8.10
		4	《天津市人民政府办公厅关于印发2016年天津市政务公开工作要点的通知》	2016.5.26
23	新疆维吾尔自治区	1	《新疆维吾尔自治区人民政府关于积极推进“互联网+”行动的实施意见》	2016.8.1
		2	《新疆维吾尔自治区人民政府办公厅印发关于运用大数据加强对市场主体服务和监管实施方案的通知》	2016.10.27
24	云南省	1	《云南省人民政府办公厅关于印发云南省贯彻落实国务院办公厅2018年政务公开工作要点分工方案的通知》	2018.5.22
		2	《云南省人民政府关于印发云南省政务信息资源共享管理实施细则的通知》	2017.12.22
		3	《云南省人民政府办公厅关于全面落实“互联网+政务服务”技术体系建设指南要求的通知》	2017.4.7
		4	《云南省人民政府办公厅关于贯彻落实政府网站发展指引的通知》	2017.9.21
		5	《云南省人民政府关于加快推进“互联网+政务服务”工作的实施意见》	2017.1.4
25	吉林省	1	《吉林省人民政府办公厅关于运用大数据加强对市场主体服务和监管的实施意见》	2016.5.25
		2	《2018年全省政务公开工作重点任务分工方案》	2018.4.27
		3	《关于全面推进政务公开工作的实施意见》	2016.9.5
		4	《吉林省人民政府关于深入推进“互联网+政务服务”工作的实施意见》	2017.2.28
26	江苏省	1	《江苏省大数据发展行动计划》	2016.8.19
		2	《智慧江苏建设三年行动计划(2018—2020年)》	2018.9.18
		3	《江苏省2018年政务公开工作要点及任务分工》	2018.5.24
		4	《江苏省人民政府关于加快推进“互联网+”行动的实施意见》	2016.3.31

续表

序号	省级行政区	序号	政策文件	发布日期
27	辽宁省	1	《辽宁省运用大数据加强对市场主体服务和监管的实施方案》	2015.10.19
		2	《辽宁省人民政府办公厅关于深入推进政务公开加强制度和平台建设的意见》	2018.12.28
		3	《2018 年政务公开重点工作安排》	2018.6.25
		4	《辽宁省加快推进“互联网+政务服务”工作方案》	2016.12.17
28	内蒙古自治区	1	《内蒙古自治区大数据发展总体规划(2017—2020 年)》	2017.12.28
		2	《内蒙古自治区 2018 年政务公开工作要点》	2018.5.21
		3	《内蒙古自治区信息化发展“十三五”规划》	2017.2.11
		4	《内蒙古自治区人民政府关于加快推进“互联网+政务服务”工作的实施意见》	2017.3.28
29	青海省	1	《2018 年全省政务公开工作要点》	2018.5.31
		2	《2016—2017 年政务信息化重点工作安排意见》	2016.8.5
		3	《青海省加快推进“互联网+政务服务”工作方案》	2017.3.20
		4	《青海省人民政府关于积极推进“互联网+”行动的实施意见》	2017.1.24
30	山西省	1	《山西省大数据发展规划(2017—2020 年)》	2017.3.13
		2	《山西省人民政府办公厅关于印发山西省 2018 年政务公开工作要点的通知》	2018.7.24
		3	《山西省人民政府关于加快推进“互联网+政务服务”工作的实施意见》	2017.5.4
		4	《山西省促进大数据发展应用 2017 年行动计划》	2017.3.13
		5	《山西省政务服务管理办法》	2017.1.11

附录二　副省级城市、地级市政府数据开放相关政策列表

序号	城市	序号	政策文件	发布日期
1	扬州市	1	《扬州市政府关于印发〈扬州市信息化管理办法〉的通知》	2013.9.12
		2	《扬州市大数据资源整合共享开放工作实施方案》	2017.11.20
		3	《市政府关于加快推进“互联网+”行动的实施意见》	2015.12.14
		4	《市政府关于深化政务公开的实施意见》	2014.9.9
2	无锡市	1	《无锡市“十三五”信息化规划》	2016.8.17
		2	《市政府办公室关于加快推进“互联网+”行动的实施意见》	2015.11.16
		3	《市政府办公室关于开展基层政务公开标准化规范化试点工作的实施办法》	2017.9.12
3	武汉市	1	《武汉市大数据产业发展行动计划（2014—2018 年）》	2014.7.18
		2	《2018 年政务公开和政务服务工作要点》	2018.8.22
4	荆门市	1	《荆门市“互联网+”行动计划》	2016.1
		2	《2018 年全市政务公开工作重点任务》	2018.6.18
		3	《荆门市人民政府信息公开指南》	2014.12.17
5	长沙市	1	《长沙市 2018 年政务公开工作要点》	2018.7.17
		2	《长沙市政府信息公开实施办法》	2014.3.16
6	广州市	1	《广州市人民政府关于加快工业和信息化产业发展的扶持意见》	2018.8.28
		2	《广州市人民政府办公厅关于印发 2014 年广州市政府信息公开工作安排的通知》	2014.2.25
		3	《广州市人民政府办公厅关于印发广州市 2018 年政务公开工作要点分工方案的通知》	2018.6.8

续表

序号	城市	序号	政策文件	发布日期
6	广州市	4	《广州市信息化发展第十三个五年发展规划(2016—2020年)》	2017.1.14
		5	《促进大数据发展的实施意见》	2017.1.7
7	深圳市	1	《深圳市人民政府办公厅关于印发深圳市推进互联网+政务服务暨一门式一网式政府服务模式改革实施方案的通知》	2016.9.27
		2	《深圳市信息化发展“十三五”规划》	2016.8.30
8	东莞市	1	《东莞市人民政府办公室关于印发〈东莞市大数据发展实施方案〉的通知》	2016.10.26
		2	《东莞市人民政府办公室关于印发〈东莞市推进“互联网+”行动实施方案〉的通知》	2016.10.10
		3	《东莞市信息化建设“十三五”规划》	2016.6.13
		4	《关于印发〈2014年全市政务信息公开工作重点〉的通知》	2014.3.3
		5	《关于印发〈2015年全市政务信息公开工作重点〉的通知》	2015.3.20
		6	《东莞市人民政府办公室关于印发〈2016年全市政务信息公开工作重点〉的通知》	2016.5.23
		7	《东莞市人民政府办公室关于印发〈2017年全市政务信息公开工作重点分工方案〉的通知》	2017.6.1
		8	《东莞市人民政府办公室关于印发〈2018年全市政务信息公开工作重点分工方案〉的通知》	2018.4.9
9	佛山市	1	《关于印发〈佛山市政府信息公开目录系统建设规范〉的通知》	2015.4.21
		2	《佛山市人民政府办公室关于印发佛山市2018年政务公开工作要点分工方案的通知》	2018.7.17
10	惠州市	1	《惠州市人民政府办公室关于印发〈惠州市促进大数据发展实施方案(2016~2020年)〉的通知》	2016.12.33
		2	《惠州市人民政府办公室关于进一步加强政务公开工作的通知》	2018.9.8

续表

序号	城市	序号	政策文件	发布日期
10	惠州市	3	《惠州市人民政府办公室关于印发〈惠州市政府系统政务公开动态扩展规程〉和〈惠州市政府系统依申请公开促进依法行政工作机制〉的通知》	2018.11.13
		4	《惠州市人民政府办公室关于印发〈惠州市政府信息依申请公开制度〉的通知》	2014.12.1
		5	《惠州市人民政府关于印发〈惠州市信息化发展“十三五”规划(2016~2020年)〉的通知》	2016.12.22
		6	《惠州市人民政府关于印发〈惠州市公共信用信息管理办法〉的通知》	2015.10.11
		7	《惠州市人民政府办公室关于印发惠州市推进“互联网+政务服务”改革工作实施方案的通知》	2016.7.8
11	江门市	1	《江门市“互联网+”行动计划(2015—2020年)》	2015.12.31
		2	《江门市行政执法信息公开制度》	2015.10.27
		3	《江门市人民政府关于印发政府部门涉企信息统一归集公示工作实施方案的通知》	2016.12.16
12	梅州市	1	《梅州市人民政府办公室关于印发推动梅州市大数据发展的实施方案的通知》	2018.6.29
		2	《梅州市人民政府办公室关于印发梅州市贯彻落实广东省“互联网+”行动计划(2015—2020年)实施方案的通知》	2015.12.31
		3	《梅州市人民政府办公室关于印发梅州市贯彻落实广东省促进大数据发展行动计划(2016—2020年)实施方案的通知》	2016.11.18
		4	《梅州市人民政府办公室关于印发梅州市加快推进“互联网+政务服务”实施方案的通知》	2017.3.31
		5	《梅州市人民政府办公室关于进一步加强政府网站信息公开工作的通知》	2014.8.26
		6	《梅州市人民政府关于印发政府部门涉企信息统一归集公示工作实施方案的通知》	2016.12.27
		7	《梅州市人民政府办公室关于印发梅州市贯彻落实省政府办公厅2017年政务公开工作要点分工方案的通知》	2017.6.2
		8	《梅州市人民政府办公室关于印发梅州市2018年政务公开工作要点分工方案的通知》	2018.7.17

续表

序号	城市	序号	政策文件	发布日期
13	肇庆市	1	《肇庆市人民政府办公室关于印发〈肇庆市大数据发展规划(2017—2020年)〉的通知》	2018.7.23
		2	《肇庆市人民政府关于印发肇庆市公共信用信息管理办法的通知》	2018.10.15
		3	《肇庆市人民政府办公室关于印发肇庆市“互联网+”行动计划(2016—2020)的通知》	2016.11.1
		4	《肇庆市人民政府办公室关于印发肇庆市贯彻落实省政府办公厅2017年政务公开工作要点分工方案的通知》	2017.6.8
		5	《肇庆市人民政府办公室关于印发肇庆市2018年政务公开工作要点分工方案的通知》	2018.8.3
14	中山市	1	《中山市人民政府办公室关于印发中山市“互联网+”行动计划(2016—2020年)的通知》	2016.7.26
		2	《中山市人民政府办公室关于印发中山市促进大数据发展行动计划(2016—2020年)的通知》	2016.11.29
		3	《中山市人民政府办公室关于印发中山市加快推进“互联网+政务服务”工作方案的通知》	2017.3.15
		4	《中山市人民政府关于印发中山市政府部门涉企信息统一归集公示工作实施方案的通知》	2017.4.25
15	珠海市	1	《珠海市人民政府办公室关于印发2014年全市政府信息公开工作要点的通知》	2014.6.20
		2	《珠海市人民政府办公室关于印发2018年政务公开工作要点分工方案的通知》	2018.7.10
		3	《珠海市人民政府办公室关于印发加强珠海市政府网站建设和管理的实施意见的通知》	2016.2.1
		4	《珠海市人民政府办公室关于印发珠海市政府信息公开办法的通知》	2014.12.26

续表

序号	城市	序号	政策文件	发布日期
16	宁波市	1	《宁波市人民政府办公厅关于印发 2018 年宁波市政务公开工作要点及责任分工的通知》	2018.7.17
		2	《宁波市人民政府办公厅印发〈关于全面推进政务公开工作的意见〉实施细则的通知》	2017.7.21
17	贵阳市	1	《贵阳市政府数据共享开放实施办法》	2018.1.12
		2	《市人民政府办公厅关于做好 2016 年政务公开工作提升全市政府透明度的通知》	2016.5.17
		3	《贵阳市人民政府关于修改〈贵阳市政府信息公开规定〉的决定》	2015.8.8
		4	《贵阳市政府数据共享开放条例》	2017.4.11
		5	《贵阳市"十三五""互联网+"行动计划》	2017.4.13
		6	《市人民政府办公厅关于印发 2017 年贵阳市政务公开工作要点的通知》	2017.6.28
		7	《市人民政府办公厅关于做好 2016 年政务公开工作提升全市政府透明度的通知》	2016.5.17
		8	《市人民政府办公厅关于印发贵阳市 2018 年政务公开工作要点的通知》	2018.7.30
18	济南市	1	《济南市人民政府办公厅关于进一步做好政务公开工作的通知》	2018.8.7
		2	《济南市人民政府办公厅关于印发济南市政务信息资源共享交换管理办法(暂行)的通知》	2017.12.29
		3	《济南市人民政府办公厅关于进一步加强和改进政务信息工作的意见》	2017.4.26
		4	《中共济南市委办公厅 济南市人民政府办公厅印发〈关于全面推进政务公开工作的实施意见〉的通知》	2016.12.2

续表

序号	城市	序号	政策文件	发布日期
19	青岛市	1	《关于印发2018年“互联网+政务服务”工作要点的通知》	2018.5.2
		2	《关于促进大数据发展的实施意见》	2017.5.23
		3	《关于印发青岛市政务信息系统整合共享实施方案的通知》	2018.1.11
		4	《关于印发青岛市推进信息共享专项行动方案的通知》	2018.9.6
20	苏州市	1	《市政府办公室关于印发苏州市 2018 年政务公开工作要点实施方案的通知》	2018.6.29
		2	《市政府办公室关于印发苏州市 2017 年政务公开工作要点实施方案的通知》	2017.5.28
		3	《市政府办公室关于印发苏州市 2016 年政务公开工作要点的通知》	2016.6.22
21	哈尔滨市	1	《哈尔滨市人民政府关于印发哈尔滨市促进大数据发展若干政策(试行)的通知》	2016.8.15
22	湛江市	1	《湛江市人民政府办公室关于印发 2013 年湛江市政务公开工作要点的通知》	2013.4.24
		2	《湛江市人民政府办公室关于印发 2014 年政府信息公开工作要点的通知》	2014.7.23
		3	《湛江市人民政府办公室关于印发 2015 年湛江市政府信息公开工作要点的通知》	2015.7.14
		4	《湛江市人民政府办公室关于印发湛江市 2017 年政务公开工作要点分工方案的通知》	2017.6.6